世紀末の思想と建築

世紀末の思想と建築

磯崎新
多木浩二

岩波書店

世紀末の思想と建築——目次

「死」の世代・「終焉」の世代

——磯崎新

多木浩二さんとのこの対談は一九八九年を通じてなされました。この年はおそらく世界史上のひとつの転換が銘記されるような事件が連続して起こり、その臨場感にひたりながら、それでも時事的なトピックスにひきずられないように、私たちが、この二〇年ほどの長いようで実はとても短かかった世界的な停滞の期間に、個人的になしえた世界認識や、何かが造られていくための方法を語り合おうとするものでした。それだけに、話題に首尾一貫性がなく、論理が矛盾し、破綻してもいます。訂正や書き替えをはじめたら際限がなく、おそらく全部抹消されてしまうかも知れません。が、それを体験をクロノロジカルに語ったという点に免じて許していただきたいのです。

二〇年に及ぶ停滞といったのは、対話のなかでもふれられていますが、一九六八年に構想されていながら、急激な反動によって実現しなかったものの桎梏が解かれていき、遂にこの年、冷戦構造の終焉として、ひと区切りついたことです。そのあげく、私たちが二一世紀に起こるはずだった状況にもはや踏み込んでいるのかどうか、断言することはできませんが、すくなくとも私たちが過去二〇年間つづけてきた試行錯誤は、六八年にその発想の端緒をもっている限りにおいて、九〇年以降に向けられたものであったはずです。それ故に、語られてしまったいくつかの誤謬(事実誤認というわけではありません)も含めて印刷してしまっていいだろうと考えます。

この対談を了えた今年の春、ニューヨークのコロンビア大学で公開講演をする機会がありました。建築家によるこの手の講演は、自作をスライドを通じて解説するのが普通で、私もこれにならっているのですが、過去数年仕事にかまけて講演を引きうけなかったせいもあり、学生に加えて三〇代の若い建築家が大勢聞きにくるという情報がはいり、まずは彼らにむけたメッセージをまず冒頭に置かねばなるまいと感じました。

いつの時代でも、どの国でも、三〇代前半ぐらいの年齢は、もっともフラストレーションに陥っている世代です。アイディアや思想や腕前は、先行する世代よりも、すぐれているはずなのに、まだ社会的に認知されない。表現する機会を与えられていない。その結果、予想されるのは、攻撃です。いかに叩き、いかに潰すかです。他人の講演を聞きに行くのに他に理由はみつかりません。六〇年代の前半の私がそんな状態だったので、確実に推定できます。あげくに六八年にもたれ込んで、心身ともに疲労困憊、「危機《クライシス》」をとことん体験したわけなので、いまや建設不況を身にしみて感じつつあるニューヨークで鬱屈が溜っていないはずはありません。そこでの講演の前置きをかいつまむと、次のような話です。

いくらみかけのスタイルが違ってみえても、ひとつの世代には何らかの共通性がある。それはおそらく、建築家として自己形成したその時代からの影響と言っていいのではないか。その点私は明らかに六〇年代の世代のように思っている。(それが私にとっては三〇歳代の全部ですから、かなりオクテだったのでしょう。過去二〇年間、実務的建築家としてやってきた仕事をささえる着想の大部分は、この期間に得たような気がしています。その着想の最初の具体化は常に未熟で、描いたり造ったりしてみると、全部失敗作のようにみえて、捨てたり忘れたりしたいと思うものばかりですが、結局、それから逃れるわけに行かなくなり、次元をかえて拡張していくことが仕事になっています。)

この世代は〃「死《デス》」の世代〃と呼べるのではないか。六八年はエスタブリッシユメントにたいする異議申し立て《コンテスタシオン》として特記されているけれど、文化的には、いっさいの大文字になった、すなわち形而上学と化した概念の死を宣言することでした。《人間》《芸術》《建築》《中心》《西欧》《男根》《美術館》《構造》《左右対立》。何よりも、ヴェトナムでは文字通り殺し合いがなされていました。それに比較すると、いま自己形成をしつつある建築家たちは、八〇年代の刻印を必ず受けているはずで、私はさしあたり〝「終焉《エンド》」の世代〟と呼んでおきたい。現に八〇年代は《芸術》《イデオロギー》《歴史》《社会主義》《東西対立》など数々の「終焉」が語られました。

「死」と「終焉」は時間軸をとりだすといずれも似た関係にあります。前者は極点が仮定され、そこからの逆算で現時点を視る傾向にあり、後者にはそんな極点は不在で、時間を「いま」「ここ」に圧縮してしまう傾向があります。この極点を思考の手がかりにするのがラディカリズムの特徴ですから、六〇年代世代にはどこかその嗅いがつきまとう。(アイゼンマン、ゲリー、ホライン、ロッシたちを想起すればいい)おそらく八〇年代世代には変動に無関心な独得の姿勢がうまれるのではないでしょうか。(クールハース、チュミ、ヌーベル、アンドーたちは私には中間のようにみえます。彼らにたいして、七〇年代世代を定義せねばなりませんが、まだ名案はありません。ダニエル・リーベスキント、スティーヴン・ホールなどが八〇年代的特性を提示しはじめているようにもみえますが、どうなりますか。)

私が六〇年代の〝「死」の世代〟に所属していることは逃れえない事実で、私はこの極点を仮定する思考から、建築物を〝時間〟の相でみることをはじめました。〝廃墟〟〝成長〟〝変化〟〝応答〟といった概念に私は固執していました。そのあげく、時空を同時に感知する〝間〟を展覧会に組んだりしました。この限りなく日本的な概念がすなわち「いま」「ここ」に時空を圧縮し、一瞬の感知に導くものであることをあらためて理解し、それを八〇年代的思考へと連結することを試みたりしたわけです。

不動で永久性を持つ構築物である《建築》は、時間に逆らう性質を持つはずなのに、そこに時間を介入させることは、一種のパラドクスをその構想時点で組み立てることになります。その時間の介入する諸相を具体的な作品で説明したわけです。おそらく、極点を不可避的に導入してしまうラディカリズムも、時間の介入をパラドクスとも感じないであろう世代が私の話をどう聞いたか、その細部はわかりませんが、「時間」のとらえかたで相違を導きだすことにはかなり敏感に反応して、その後、たびたび議論をふっかけられています。

大塚信一さんの提案によって、『へるめす』で連続対談をすることになったとき、時代がこんなに明瞭に区切られるようになるとは、考えてもいませんでした。漠然と考えていたのはこのコロンビア大学の公開講演でふれようとしたような点にもかかわりますが、私たちの世代が二〇年間やってきたことに、一応のケリをつける時期がきているのではないかということだけでした。そう感じていたもうひとつの契機は、私自身の建築作品の展覧会を世界の各地の美術館を巡って催す企画が進行していたことと関係します。当時は仮りに回顧《レトロスペクティヴ》展と呼ばれ、一九六〇年から一九九〇年までの仕事をひとまとめにして展示することになっており、その編成を考えていました。(これは「磯崎新一九六〇—一九九〇《建築》展」という表題で、一九九一年三月ロサンゼルス・MOCAで始まり、同年九月より日本各地の主として私の設計した美術館を廻り、一九九二年一〇月パリのポンピドー・センターに行きます。その後ヨーロッパ数カ国で最後はアメリカ東海岸、おそらくニューヨークへ行く予定が決まっています。)

実はその年に、還暦をむかえることになり、区切りがいいので展覧会をやることにしたわけです。このための整理を同時にやれれば一石二鳥と思った、こんな下心もありました。だから、最初に五年単位で話そうなどと提案をしているのです。途中で必ずしもクロノロジカルでなくなっていますが、実は私の展覧会もレトロスペクティヴだから、クロノロジカルというパターンに従わないことに決めました。というのは、作家自身で考えると、常に前作とは決定的に違う部分をうみだしたと思いながら次を考える、という段階を経ているので、一〇年単位ぐらいでくくるとうまく整理できると考えていたのです。しかし個々の差なんかたいした違いじゃない。相違よりも相同のほうがはっきり見える。

とりわけ建築の専門家以外の人々に見ていただくとすれば年代順は意味をなすまい、むしろ場所との応答と個別の解法の特性を見せた方がいいと思うようになりました。

そして作品はほとんど過去二〇年間、つまり六八年以降のものなのですが、それらの着想は、その時期までに有形・無形さまざまなかたちで持っており、それが六八年の「解体」(私は以前に書いた『建築の解体』という著書名のためか、長い間、〃「解体」の建築家〃というレーベルを貼られてきました。その後は〃「ポストモダン」の建築家〃です。これもそろそろ剝げかけており、また何とつけられるか知れませんが、〃日本的〃とか〃日本の〃と呼ばれたことがなく、まあ、その点だけを光栄と思わねばなりますまい)以降に実作を通じて部分的に形になりました。実務的に仕事をすることは、建築物の成立において仲介者の役割をすることで、ひとつの作品には、多数の予想できない他人(あえて他者とは申しません)が割りこんで、変形を加えられています。建築はその過程に、ある種の観念的産出物の痕跡をとどめるのがせい一杯ですが、それでも何とか裸形にしてみると(〃還元〃という版画のシリーズに固執するのはそのためです)、着想の部分が浮びあがる。それが時代を通じて展開しているのではなく、むしろ変化し、複雑に出現するのは時代そのものの方で、私の場合は仕事の場所が国際化したためもあって、異文化との遭遇もかさなり、いちじるしい変形を受けます。そこで仕事を地域的に分類して並べることもあり得ます。

だが実際は、そんな配列が意味をなさぬようにするつもりですが、残らせたいのは、六〇年代に「死」を大文字となったすべての形而上学に宣告しようとする身振りにとらわれた世代が、停滞した状況のために何度も引きもどされながらこの二〇年間に残そうとしたコンフリクト(成果などではありません)で、これが多木浩二さんとの対話を通じて、どれだけ明らかにできるだろうか、それに興味をもったのです。

「死」を宣告したはずの大文字となった形而上学は、いまでは全部復活しています。私は大文字の《建築》をあらためて引きだそうとしています。死刑宣告してもまったく刑は執行されていないので、これをもういちど見なおさねばならぬと感じたからに過ぎません。問題を混乱させているのは、それを引きだす際に、かつて消滅していたはずの数々の亡霊も一緒に立ち現われてしまうので、それを区分けする手間がかかって、あげくに本体まで見えなくなる、こんなまどろっこしい事態ができあがってしまいました。だが、これも〝「死」の世代〟のひとりとして始末をする義務があると考えているためで、九〇年代へと跳ぶ前に、どうしてもこの結末はつけて置かねばなりません。

対談は、しゃべりながら考えているので、結局のところ、ばらばらの着想の布置《パルティ》をみせるのにとどまります。ものによってはその布置《パルティ》がみえさえすれば、およそ解決がつく、さもなくば解決の緒口がみえる、と思うのですが、はたしてそんな具合にいったかどうか、いま読みかえしてみると、とぎれとぎれになった超スピードで記したメモランダム、そんな感じですね。

六八年にすべての源があった

磯崎――多木さんと僕はほとんど同年代に大学を卒業しています。ところが、大学にいるあいだは会う機会がなくて、卒業して一〇年ぐらいたってから多木さんにお目にかかることになる。三〇代なかばぐらいの頃です。それからざっと二五年のお付き合いというわけです。

そのあいだに、多木さんはつねに建築界の動きに伴走しているような形で横にいて、建築に対する批評をなさってきたのですが、同時に独自の研究や、写真家や建築家のグループ活動・運動にかなりインヴォルヴされています。

一方で僕は、二五年ほど前にはじめて多木さんに会ったころ、やっと建築家として自立した時期だったのです。それから今日までともかく建築家としてやってきた。一方で実務をやり、もう一方でその時代の思想や文化の状況とつないだ思考で建築を考えていきたいと思ってきました。

お互いがそれぞれ、二五年間パラレルにやってきたわけですが、細かくみると、五年単位ぐらいで、外の状況が――日本も外国も含めて、思想界も政治も文化も全部含めてですが――変わります。それに対応して問題の提起の仕方、発想の仕方、主題も、相応に変わっているように思います。

したがって、この二五年間を五回ぐらいに区切ってみると、それぞれがユニットになって、まとめて問題をとりだして、語りうるのではないかと考えました。そのうち一番最初が、おそらく六〇年代後半から七〇年代にかかる頃で、その時期は、われわれにしてみると、一種の政治の季節でもあった。きょうはその時期の問題を議論できればいいと思います。

そこで五回対談をやると、ちょうど現在に至ります。そのときさらに未来についてしゃべる必要があったら、もう一回やってみる。来年のいま頃それをやっておればいいなと思います。いささか言いにくい部分や言いたくなかった部分も含めて、掘り返さなければいけないところが出てくるかもしれませんが、むしろそれをこの際、やっておく必要がある歳にわれわれは達してきたのではないか、という気もしています。

写真家にして編集者?

磯崎——話のきっかけとして、一番最初に会った頃のことを考えます。多木さんは写真家であるようであり、編集者でもあり、文章も書く、非常に不思議な立場で建築界に出現した。その頃には、実際になにをやっておられたんですか。

多木——いいわけがましくなりますが、自分が写真に関係したことを、別の側からは写真家という見られ方をしたということもありますし、編集というのも、必要にせまられてのことでやっていても、それでも編集者とみられてしまうわけです。もともと私たちの時代は文学部出身のおちこぼれにはほとんど職業がなかった。僕は六〇年代半ばにある大学にたまたま職を得ましたが、それまではとにかく定着できるような職がないわけです。

磯崎――大学を卒業して約一〇年間ですね。

多木――ええ。一〇年以上ですね。でもなにかしなきゃいけないわけで、数えるとびっくりするくらいいろんな職業をやってきたんです。そのなかでいろいろな人との出会い、それから自分の関心にそって勉強していることの延長上で、一方では写真というのが、他方では建築というのが主題になっていったのです。いろいろないきさつがありますが、ともかく、写真が、その当時、僕にとっては表現の一番新しい手段として見えてきた。絵画とか彫刻、その他のあらゆる表現よりも、一番新しいというか、自分にフィットする手段のように見える機会があったわけです。それは何人かの友人がいたことにもよるのですが、はじめは同世代の友人との付き合いだったのが、六〇年代後半になって、僕は一世代若い二〇代の友人たちと一緒になって写真を撮ることを覚えたのです。

磯崎――例えばどういう人たちですか。

多木――中平卓馬、森山大道という人たちです。同世代の人間では、東松照明さんがいて、彼とは非常に親しかったから、彼の影響が強かった。彼は若かったけれども、写真界のスターとして登場していた。

ところが、そんなことは仕事にならない、なにか仕事をしなきゃいけないので編集者的な仕事をしていたのです。

それには前史があって、この前から『へるめす』に山口昌男さんが書いている「挫折の昭和史」の一部に関係する部分がある。あのなかで山口さんは、名取洋之助のことを書いていますが、僕は一時、名取洋之助のスタッフだったことがあるんです。もちろんカメラはいじったこともない。美術、文学、思想のことは少しは勉強していましたが、写真のことなんか全然知らなかったわけです。たまたま人のつてで名取洋之助に紹介されたというだけのことでした。

そのとき名取洋之助は、写真文庫という企画を岩波書店とやっていた。詳しい事情は省きますが、いろいろと複雑な経緯があって、結局、名取洋之助が写真文庫をもって、報道工芸という名前の工房をはじめたんです。その報道工芸のスタッフに入って、岩波写真文庫の一部の仕事をしていました。そこでカメラマンとして東松照明さんなどにあうわけです。いまからふりかえると、奇妙なことですが、そのときになって写真をはじめて知った。そして写真というのはどういうものかということを、歴史とか、表現とかいうより、実際に扱うことから考えさせられたわけです。

つまり編集という仕事との出会いも同時にそこではじまった。ですから編集といっても僕の場合は、言語の編集をするというよりは、ビジュアルなものの編集をするということからはじまったわけです。美学とか美術史というところでは、バウハウスすら教えていませんし、ましてやデザインとか写真など知る機会もない。僕が写真や近代デザインに出会ったのは、このときが最初だった。

名取洋之助さん自身は非常に感覚的な人でしたが、仕事が仕事でしたから、そこで教わった方法は、『ライフ』に代表されるような、一種の機能主義で、写真によるビジュアル・コミュニケーションのスタイルを見つけるといったほうがいいようなものです。

磯崎――建築写真を撮りはじめたのはもっと後ですか。

多木――それははるか後のことです。建築写真を撮ったこともないし、大体写真を撮ったこと自体がないまま、きてしまった。そのうち、やっと六〇年代に入って自分でも撮りたくなって撮りはじめていましたが本格的なことではない。その頃篠原一男さんと出会ったのですが、両方ともまだ猛烈に若い時代です。僕はそのころから匿名で建築批評を書いていた。あるとき、篠原一男さんの批評を書いたら、彼はどうやって調べたのか、手紙をよこしたのです。それで付き合いがはじまった。ずっとあとになって篠原一男さんが、僕が写真を撮るのを知っていて、じゃ僕の建築の写真を撮ってくれないかというようなことがあって、それからしばらく建築写真を撮るようなことになったわけです。

磯崎――それは六三、四年ごろですか。僕の建物の写真を一九六六年頃から一〇年間ぐらいは、さまざまな場所でとってくれているわけです。

多木——もっとあとです。篠原さんと出あったのが六四年です。彼の作品の建築写真を撮るよりも彼の建築について書きはじめたほうが、早いんです。二〇代は僅かの美術批評しか書いたことがなかったし、写真についてはもちろん書いたことはなくて——ゴーストライターとして書いたことはあったけれども——建築についても、六〇年代のはじめ頃までは、どう焦点を定めていいか、全くわかりませんでした。やはり、批評というのは対象に出あってはじめて生じるわけですが、建築に関していうとあまりにもはっきりしていて自分でも特殊だと思いますが、篠原さんの住宅と磯崎さんの作品がなければそんな方向の仕事をしようと思わなかったでしょうね。

そのころの私は、いまから考えると非常におくてで、アメリカで起こっているような美術の新しい現象をちゃんとフォローしていなかったし、政治に関しても古い意味での左翼的政治意識からまだ一歩も出ないという状態のなかにいました。そんななかで篠原一男さんが非常に反時代的に美しい建築という主張をしはじめたのにひきつけられたわけです。

磯崎——彼が「住宅は芸術だ」とほとんどアナクロニズムとして聞こえるようなことを言ったのは……。

多木——同じころです。私と建築との関係は普通の建築家や批評家とはかなりちがったはじまり方だったわけです。偶然、大学に職を得るまえは、職業としてPR誌を編集して食べていきながら、学生時代には考えてもみなかった写真、建築、デザインの勉強を自分ではじめていたわけです。写真の場合も実は東松照明さんのような同時代のすぐれた写真家がいなかったら、入りこむことはなかったわけです。名取さんのところでの経験はそういう次元には結局つながっていないんですね。

同時代の写真家たち

多木——私が写真に関心をもつ少し前くらいから、日本の写真の世界で、東松照明と奈良原一高、細江英公といった比較的早熟な人たちが新しい世代として登場していました。

磯崎——五〇年代のなかばでしょう。

あれはいつごろだったかな、東松氏が「家」というシリーズを出しましたね。

多木——正確じゃないですが、あれは六〇年代のはじめごろだったと思います。

磯崎——僕はなぜか、東松氏とそのころ会っていた。彼はメタボリズムの連中とも付き合っていたはずですね。

多木——ええ。そうなった経緯は知りませんが、たしかに彼はメタボリズムの人たちと付き合っていて、そこへ磯崎さんも来たことがあったんじゃないですか。そのメタボリズムの人たちとの付き合いについて、彼から、「みんなコルビュジエの話をしているけれども、おれはガウディのほうがおもしろいという話をした」ということをきいたのを覚えています。

磯崎――思い出しました。あのころ彼はアスファルトを撮っていた。都市論だというわけです。アスファルトに埋まっている釘とかゴミとか、それだけを撮っていた時期があった。メタボリズムの連中が本をつくるときに、「これがおれのコントリビューションだ」といって彼が持ってきたら、「これじゃ困る、もうちょっとまともな都市論をやれ」と言われて、いろいろ意見が対立したというのは僕も知っています。

多木――僕は彼の仕事のなかで、それ以前のいろいろなドキュメントとか、長崎の原爆の仕事とか、そういうのも評価するけれども、アスファルトを撮りはじめたとき、彼は非常に創造的な時期に入っていたと思います。あのアスファルトは明らかに都市を視覚で撮るというよりも、殆ど触覚で都市を押えていこうとしたものではなかったかと思います。しかも、ものすごく抽象的な作品でした。

磯崎――そういう意味で僕は、六〇年代前半では、彼のその仕事が一番おもしろいと思った。

多木――ものすごくおもしろいです。

磯崎――滝口修造さんが『美術手帖』で、それぞれの領域から選んだ人間に何ページずつか受け持たせて、それをただ綴じたという特集号を編集したことがありました。東松照明氏もそのとき、例のアスファルトの写真を確か出していたと思う。僕は『廃墟の未来都市』のイラストレーションをそのときにはじめて発表した。それが六二年ぐらいだったと思います。

多木――そうですね。

磯崎——僕は、結局それまでなにもやっていなくて、実物ももちろん建てていなかったのです。《建築》というものを自分なりの考え方で非実体的なイメージとして最初に表現できた場がそのときだった。ですから東松氏とほぼ同時期に、同じ場所に立ち会うことになりました。そういうわけで彼とは知り合いになって、彼が本をまとめるとき、彼の五〇年代末の仕事である「家」について原稿を書いた。

多木——『日本』です。僕も書いた。

磯崎——おそらく多木さんと一緒に本に登場したのは、そのときが最初でしょうね。あの本はずいぶん早い時期に編集したけれども、なかなか出版されなくて、何年かおくれて刊行されました。原稿としてはかなり昔にそれぞれ書いたのですね。

多木——よくは憶えてませんが、多分そういうことだと思います。

磯崎——あのとき、あらためて東松氏に関心をもったのですが、それまでの日本の民家の写真と言ったら、平山忠次さんと石元泰博さん、あと二川幸夫氏が、『日本の民家』を撮っていた。平山さんはノイエザッハリッヒカイト的、石元さんはニューバウハウス的な方法です。二川氏はむしろフォト・ジャーナリズム的だと言ってもいいかもしれない。それとまったく違う写真で、日本の民家というか、日本の空間が出てきたのが、東松氏のシリーズだなと僕は感じました。

多木——あれは「アスファルト」の写真と同質の眼だったと思います。ものの切りとり方が、鮮烈でした。

家の土間の片隅にあるようなものにバシッと向きあって撮るわけですね。物質感がみなぎっているような写真でした。東松さんの「家」の話が出たついでに言うと、僕自身が写真について一番大きな魅力を感じさせられたのは彼だったし、写真家というものの存在を理解させてくれたのも彼だったと思います。でも、そのうちになんとはなしに彼とは疎遠になってしまうわけです。そして、ずっと時間がたって、東松さんの「家」とは全くちがう篠山紀信さんの『家』という写真集に僕が長文のテクストを書くことになるわけです。『生きられた家』のもとになったテクストです。それを書いているときには、写真のことは別に考えていませんでしたが、考えてみると、この二つの「家」の距離は大きいですね。

磯崎――僕は個人的に言うと、あの『家』を多木さんからいただいて書評をした。それまで篠山紀信氏は、もちろん作品は知っていましたが、個人的には会ったことがなかった。あの本を見てたいへん新しい視点が見えるような気がした。それから篠山氏と付き合うようになったといういきさつがある。

多木――そうですね。その二つを比べてみると、まったく視線が違うのです。

磯崎――篠山氏の『家』は七〇年代の仕事ですね。

多木――そうです。出たのが七五年ですから、彼が撮っていたのは、その三、四年前からでしょうね。

磯崎――東松氏が六〇年代的だとすると……。

多木――篠山さんは七〇年代的ということですね。東松照明さんの場合は、五〇年代にスタートしています。

彼の出発点を長崎といっていいかどうかわかりませんが、ある種のしたたかな批判的政治思想というものから出発していました。日本の戦後の写真の中心は――彼はそれに対する強い批判をもっていたと思いますが――社会的なリアリズム運動です。コミュニズムと結びついたリアリズム運動でしたが、彼はそうではない眼で現実社会を見ようという動きをしていました。外国でいいますと、ウィリアム・クラインやロバート・フランクなんかと平行した仕事だったように思います。それが篠山さんになると視線は虚構だということが、本人はどの程度知っていたかどうかわからないけれども、感覚的にわかっていたんでしょうね。僕はその前からそういうことを考えていたので、うまくドッキングしたわけです。東松さんの「家」が古くなったというのじゃなく、別の視線を生む社会や文化が、生じていたということでしょうね。

二人の「家」をいま比べて評価を問題にしているのでなく、そのあいだに自分のなかでも起こっていた大きな変化がそれで測れるというのが素直な感じです。

磯崎――その前に、さっき名前が出た中平とか森山という連中と『プロヴォーク』という雑誌をやったでしょう。あれはいつですか。

多木――「六八年、夏」という特集をして一号が出たのは七〇年頃だったかな。中平さんと付き合いはじめたのが、六六、七年ぐらいからでしょうか。彼らが二七、八ぐらいで、みんな貧乏で、激しくて、食うや食わずで写真を撮る。まったくの情熱です。いまではほとんど考えられないような青年たちでした。

文化革命としての六八年

多木――これまたおもしろいのですが、青年像を比較してみると、現在では、ああいう反逆だけが唯一の拠点であるという青年像は完全に消失する。これが消えていく過程が七―八〇年代の社会にはあると思うんです。それはともかく僕が付き合いはじめたころの彼らは、反逆だけが生きがいという青年だったし、刺戟的でした。それで自分たちで写真の本をつくってしまおう、そんなことをやったのが『プロヴォーク』だったんです。

磯崎――六〇年代のあの時期は、美術界ではアクションペインティング、ネオ・ダダ、そのあげくの反芸術論争などが一段落して、ポップ、プライマリイ、テクノロジー・アートと、華やかな試みがつづき、総称して環境芸術と呼ばれるような、空間概念の拡張と触覚性を重視した仕事が続出していました。演劇で言えばアングラ御三家の揃い踏みがちょうどそのころですから、それからはじまっていて、そこらへんの気分は反逆する若者全部が共通にもっていたのじゃないですか。

多木――そうですね。ところが、六〇年代の政治ということに関して言えば、そのころから変質していくでしょう。それに比べると六〇年安保は古い形式で行われた政治だと思います。

磯崎――そうですね。僕はまだ大学院の学生でもあった時期で、六〇年安保は、デモには行ったけれども、群衆の一人として行っているという感じで、僕自身がそれを思想として解釈し表現するということはできなかった時期です。むしろ、未来都市を廃墟と重ね合わせて発想するという地点へ踏みこむことができたのは、あの六〇年安保がいったん終熄した頃にその体験を反芻しながら自分の領域にもどっていったなかで跳ぶことが可能になったので、安保闘争の最中は、ひたすら肉体的昂揚があっただけです。

多木――六〇年代を経過するうちに、片一方で反抗する青年たちと付き合いはじめた。一〇ぐらい歳が違うのですが、しばらくはいい仲間だったと思います。しかし長つづきはしませんでした。余談ですが僕は不思議なことに、若い世代と仲間になることが多いのです。いまでも、建築でいうと伊東豊雄さんたちの世代との付き合いが一番多い。

磯崎――五〇歳に近づいていればもう若いとはいえないけれどもね(笑)。

多木――そういう時代のなかで、僕が六〇年代の半ばすぎに大学に就職できたころからようやく気がつきはじめたのが文化についての考え方をどうもつかということでした。一方では記号論との接触がはじまり、他方では全く専門外の社会科学ですが、ホルクハイマーやマルクーゼなんかが、訳し出されはじめるころだったんです。

つまり、政治と文化の関係は、一体どういうものかということがいままでとはちがった形で主題にのぼってきたのが、六〇年代の終わりごろだった。政治というのは、権力に対しての闘いというよりは、文化に対する闘いだという認識が出てきたわけです。たぶん六八年五月のパリの場合も、結局は文化の制度に対する闘争だった。

いずれにしても、政治と文化の関係を考えはじめたのが、六〇年代後半だったと思います。どんなとらえ方があるのか、よくわからないまま、政治の季節をすごすわけです。その問題は、すっかり外見は変わっていますが、私のなかではいまでも続いていると思います。

磯崎——というよりも、六八年の文化革命——これをも文化革命というならば——がきっかけになって、それ以後のすべての問題が起こってきているというぐらいに見えます。

占拠されたミラノ・トリエンナーレ

磯崎——僕は六八年五月にはミラノにいました。第一四回トリエンナーレに呼ばれてインスタレーションに行っていたんです。そのときのタイトルは『グレイターナンバー』だった。大量生産、大衆化社会といった量の増大がもたらすデザインの変質をとりあげる意図だったと思えます。僕は偶然に選ばれました。日本から一人ぐらい若いのを呼べということで、たまたまなにかの経緯で僕が呼ばれたということだと思います。世界の各国から三〇代ぐらいのほとんど無名の建築家・デザイナーを指名して、一定の大きさの部屋をくれて、それを自由に構成するということでした。

そこで写真のセレクションを東松照明氏に、グラフィックを杉浦康平氏にそれぞれ協力を頼んだ。音楽は一柳慧氏に頼みましたが、それだけのメンバーで集中的にテーマを表現しようと考えたわけです。「都市」がいちおうの課題であったわけですから、都市が巨大化、拡大するなかで起こっている問題をまとめて提案しようと考えたのです。

この一種の環境構成に『エレクトリック・ラビリンス』(電気的迷宮)という名前をつけました。私たちが仕掛けた空間の中に観客が巻き込まれて、その中で全身体的な体験をする。そういうことを考えたわけです。

湾曲したパネルが一二枚屏風のように整列されてあり、そのパネルがまったく無関係の位置を通過する観客を赤外線でキャッチして、その信号で回転する。パネルは人間の背よりも高くて、回転ドアのようになっている。その回転ドアの表面にいろいろな映像、イメージが刷りこまれた。それのセレクションをするとき、東松氏に頼み、グラフィカルな処理を杉浦氏にお願いしました。

広島の原爆に当たって灰になった人体、石段に落ちた人影、いくつかの有名になっている記録写真です。むしろ彼が選び出してくれた写真です。それに加えて日本の妖怪変化、例えば百物語とか、小野小町が死んで腐って白骨になっていくという六道図など。それの写真とか、ありとあらゆるメタモルフォーズが起こっていく有様を、日本のイメージから集めてきました。そしてドアが回転するたびに奇妙な音が出る。

これは一柳氏の音楽でした。

その横にものすごくでかい写真のパネルをつけた。それは広島の廃墟の上に未来都市がまた廃墟になったというモンタージュです。それは僕がコラージュしました。その上にさらにさまざまな未来都市計画のプロジェクションを重ねる。要するに何層にもイメージが重なっています。そういう映像の渦に観客が巻き込まれていくわけです。

当時は、バラ色の未来論が大はやりでしたが、バラ色でない別の未来というか、そういうものを都市の状況として示す。言うならば、都市はつくっても必ず廃墟化するにちがいないとする、僕がいくつかそれまで発表してきていた考えをもういっぺん整理したわけですが、文化革命の動向に触発されて、かなり政治的な衝撃をあたえうるように考えたつもりでした。

実は、僕らのセクションをトリエンナーレで取りまとめたのは、ジャン・カルロ・デ・カルロです。この建築家は、イタリアのなかではどちらかというと、コミュニスト系統の建築家です。各国の代表が、例えばハンス・ホラインが、有名になった『フラストレーション・ドア』をこのときだしていました。これがハンス・ホラインのデビューともいえます。そのほか、かなりいろいろな人がいました。〈アーキグラム〉もいました。『建築の解体』に登場する連中の大部分が、たまたまここに集まっていた。おそらくトリエンナーレの歴史のなかでもかなりユニークな企画の一つだったと思います。

たしか六八年五月三〇日がオープニングだった。その途端にここが占拠された。つまりパリの雲行きは怪しくなって事件が起こりはじめた。ミラノにもきっとこの波はとどくだろうと言われてはいたんです。ところが、まだそれほどの実感をみんなもっていなかった。何しろ展示を完成させるのでせい一杯の有様だったわけです。いざ開けてみたとき、学生と美術家の一部がどっとなだれ込んでトリエンナーレの会場を占拠した。その一月後にベニスのビエンナーレが同じように占拠された。ミラノのトリエンナーレも、ベニスのビエンナーレも、この両方がエスタブリッシュメントが生みだした一つの制度の中でできあがっているものだ、とそれだけの理由で占拠されたわけです。

僕にしてみると、その前にすでに日本で学園占拠がはじまりかけてきたのに対してシンパシーをもっていたし、僕が提案した『エレクトリック・ラビリンス』は、完全に彼らの思想と同調しているはずだと、自分では思っていた。ところが、発表されている場そのものが、エスタブリッシュメントの制度の中にあったという、それだけの理由で、中身も見ずに占拠された。そういう事態に立ち至ったわけです。そのとき、占拠している連中から、賛成か、反対かを求められて、僕は賛成というサインをしてしまった。後で、「金を出してわざわざ呼んでやったのに、賛成とは何事だ」と怒られたりしましたが、私たちのように外国から呼ばれていった連中は、ともかく戸惑いの連続でした。

そこで僕は、いろいろな体験をしたように思います。つまり禅問答にも似たダブルバインド状態のなかに立たされたわけです。自分が正当だと考えて表現し、かつ表現し得たと思っていながら、その表現がなされ、発表される場がその意図を裏切ってしまう。その場所が制度としてエスタブリッシュしていたそれだけの理由です。ともかく占拠という結果だけが残る。おそらく学園闘争の過程のなかで、多かれ少なかれ似たような事態がほうぼうにあったであろうと思います。いずれにせよ、結果としては占拠されました。一カ月ぐらい占拠をやっているうちにくたびれて、それで解除され、もういっぺん整理してオープンになった。イタリア的で間に合わなかったのはこの間にいそぎとりつくろって、最終的には簡単なセレモニーとなりました。

この経験で、僕が考えはじめたことは、《デザイン》そして《建築》の成立する社会的根拠についてです。一九二〇年代から一貫して《デザイン》がトリエンナーレのテーマだったわけですが、デザインは、考えてみれば、インダストリアル・ソサエティが自分の製品に衣を着せる、形を与えるという必要性のなかから生まれてきた概念です。だから日本では通産省がデザインを管轄してきたのは、当然のいきさつです。これは産業の一部です。基本的にはＩＤであり、生産物です。そして、商品と言ってもいい。

いずれにせよ、デザインというのはそういうなりたちのものであったわけですから、デザインを通じて社会に反抗する、反論するということを仮にやろうとしても、デザインがもともと工業社会によって産出されたものであったわけですから、内部的な変革も一切合財御破算にして、束にして始末されてしまう。

「文化革命」の意図がこの工業社会を根底から否定しようとする運動であったので、この関係性がはらんでいた矛盾はタコが自分の足を喰うような事態になってしまいます。

逆な意味で言うと、デザインによる革命とか、デザイン自体の革命と僕らが言ってきたものは、ある意味ではまったく意味をなさないトートロジーにすぎなかったのではないかということです。こんな自問をせざるを得ない。そういう窮地に僕自身は立たされました。

多木——そのときに、僕がはっきり記憶しているのは、トリエンナーレの出来事を『朝日新聞』にお書きになりましたね。

磯崎——ええ、どこかに書きました。

多木——ほぼそれに近いようなことをおっしゃっていて、その後、もうちょっと突っ込んだ形で、デザインのもつ矛盾と政治との関係を『都市住宅』に書かれたと思います。だけども、どんなに矛盾があっても、そのことをいまは避けて通れないという問題の出し方だったと思います。そうじゃなかったですか。

磯崎——そうです。

磯崎新はもっとも微妙な立場にいた！

多木——結局、同じようにそこに存在している問題を僕自身も感じていたのです。つまり建築に関心をもちはじめたときからの根深い疑問は、ちょうどメタボリズムが盛んであって、その前に丹下健三さんがいてという状況を見てくると、昔から言われる近代建築しか見えてこなかった。それは様式の問題でもありますが、社会に対してもつあまりにも建設的なあり方に、違和感を覚えてしまったわけです。その時代に、僕は的確にモダニズムを透視できたとは思いませんが、モダニズムがもっているいわば生産主義的な面に対する反発を強くもっていたわけです。だからこそ篠原一男のような、そういう時代に対して異質であろうと意志する存在に目を向けようとしたので、いまから考えるとものすごく意識的に、この異質性に注目していたわけです。

そのなかで僕にとって磯崎新というのは、ものすごく微妙な位置にいたわけです。その微妙な位置というのは、一つは、篠原さんとはまたちがいますが、芸術家としての建築家、というあらわれ方、具体的には例えば大分のN邸のような作品。あれができたのは、ミラノの前ですね。

磯崎——そうです。六四年です。

多木——N邸と、それから同じ大分の図書館が出てきた思想は、もう近代建築のそれじゃないという気がしました。僕自身のそのときの理解では、N邸は、ルドゥとか、そういうものが射程に入ったうえでの建築なんだ、だからこれは考えなければならない問題だ、と。

さらにさっきおっしゃった廃墟論の形で、未来を終末として描くビジュアルな作品がすでにあったわけですね。にもかかわらず、ある背景をもって登場するとやられる側に立たざるを得ない、その両方の緊張関係のなかで磯崎新が一番微妙なところにいたわけです。

磯崎――そうね。僕も、よくわからないまま、どうころぶかわからないというところにいました。

多木――そうだと思います。政治的選択から言えば、磯崎さんだって学生の政治的選択、あるいは世界がいま向きつつある方向に対していくら賛同しても、デザインというものがもってきた性格はそれと矛盾するとおっしゃいましたが、これはいまになってからはじめてわかることですが、二〇年代のドイツで起こったこと、それから三〇年代のコルビュジエの場合に起こったことは、エスタブリッシュメントというよりは、全体主義化する世界史の動向と無関係ではなかったという気がします。

コルビュジエが三〇年代にアルジェの計画をつくっていく思い入れも、やがて日本が満州を占領すると き、満州で仕事はできないだろうかとコルビュジエは興味を抱く、そういうようなことが出てくることを指しているのです。

磯崎――事実、その後に彼はヴィシー政権に接近した。

多木――接近しました。八束はじめさんの言い方を借りると「幸いなことに」ナチスの場合のシュペアーとは違って、採用されなかったけれど(笑)。

磯崎――売り込んだけど、失敗した。

多木――それはそれでよかったのですが、同時にコルビュジエは、当時の建築家のなかで、もっとも文化としての建築という内容はもっていたわけですね。

いまおっしゃっていた意味での文化革命とはなんだったのかというと、本当の意味での自由の問題を問題にしたはずだったと思うのです。日本の場合の大きな主題は、いまもなおかつ一番重要な問題である自由の問題だった。

その自由というのは、フランス革命の直接の伝統かというと、僕は必ずしもそうは言えないと思います。そこが一八世紀前と一九世紀以降との差であって、一九世紀以降出てきていたブルジョアジーと、そのブルジョアジーのエスタブリッシュメントによって制度化された学問や芸術から学問や芸術がいかに自由になるかということが、あの時代に僕らが熱中した主題だったと思うのです。

磯崎――それをまともに受け継いでやっているのは、トニ・ネグリだと思います。

多木――そうですね。

磯崎――少なくとも僕の言う自由という問題を彼は定義して、政治的実践のプログラムへ組みこんだわけですね。

多木――磯崎新というのは、当然自由を選択するのですが、当然デザインの流れからいうと不自由側になる。これは、びっくりするほど単純化していますが、ラジカリズムというのは、どうしても問題を単純化してしまうものです。そして、N邸、大分の図書館、とやってきた磯崎新を絶対に評価しながら、その矛盾を問題にせざるを得ないというのが、六八年の磯崎批判だったわけです。

磯崎――現実問題として僕はそのとき、いろいろないきがかりを引きずっているわけです。五〇年代中期から丹下さんの手伝いをずっとやった。

六三年ごろに独立して、いま話に出たN邸とか大分県立図書館を設計しましたが、仕事は数多くなかったので、片一方で丹下研究室でスコピエのコンペの手伝いをした。それは僕がまとめ役になっていたのですが、国際コンペで入賞してしまった。実際に実施の作業をやらないといけない。そこでユーゴスラヴィアに行っていたという時期があった。帰ってきたら、大阪万博が全部セットされていた。丹下さんの下で、いままで言うと代行ですが、万博で代行をやる立場になっていたということが、六六年ごろからはじまったわけです。

そうすると、片一方で万博のはらむ問題は、考えてみれば明快に日本の六〇年代の、いわゆる第一期の戦後の高度成長とモダニズムのもっているテクノロジー信仰、一番ナイーブなテクノロジー信仰が合体したものです。この二つが結合して、しかもそれがバラ色の未来論という形で、イデオロギーとして進歩と調和というタイトルを伴って組み立てられていた。その国家イベントだったわけです。

ところが、僕にしてみるといろいろ矛盾が起こってくるわけです。片一方で政治的な状況、そしてデザインのもっている問題を理解しているつもりではいるのですが、三、四年のあいだというものは、そういう仕事を引受けるのは僕の事務所を維持する手段であったわけですから、それを通じて職業的建築家として生活していかざるを得ない。

しかし、六〇年代末に近づくと、それはやればやるほど両極端に政治化しました。僕はそういう状況の真中にいたように思います。

多木——そういう意味での問題は、例えば丹下さんを批判してもあまりなにもでてこないわけです。

磯崎——わかりきっているからね(笑)。

多木——そうです。そうすると同じところで、例えば同じ自由の問題を共有しながら、そういうところにいる人間としての磯崎新の問題をとりあげなきゃいけないというのが、『デザイン批評』での……。

磯崎——そうそう『デザイン批評』という雑誌がありましたね。

多木——そこで書いた批評だったわけです。

テクノロジーをどう考えるか

磯崎——そのころ、例えばアラン・ジュフロアが「芸術の廃棄」という論文を発表して、かなり評判になった。それを受けてでしょうが、デザインの放棄という形の議論が、あのなかでかなりなされていました。

文章のかたちだけではなく、学園闘争のなかでも、実際にいろいろな形で語られはじめていた。

そこから先をどう読んでいいかわからない状態のなかに、自分ではいたように思います。最後に自己批判のような形で「戦争遂行に加担した気分だった」と書いた文章が、いま定着してしまったので、それをもういっぺん自分でも考えてみたいと思います。

なぜあのとき万博をやりたかったのか。降りればよかったではないかといろんな人から言われました。やっぱりやってみたかったというところはあるわけです。例えばお祭広場では、テクノロジーで巨大イベントを組み立てる可能性が実験できるではないか。そういう稀有の機会をつかまえるという課題を別なレベルでもったわけです。万博に参加していた人はたいてい黙ってやっていた。トリエンナーレの占拠という経験をしちゃったので、僕がしょいこむことになったのかも知れません。直接・間接に多くの友人がやめたらいい、というのですが、そういういい方は僕にはあまり応えなかった。例外的に、吉本隆明氏が、「やりたかったら、かまわない」といってくれたのですが、僕はそれをアイロニイと受けとったのですが、彼はもっと戦略的にみていたのかも知れません。

この主題は、いまだに続いています。これを実現させ得る手がかりがあると思って、そういう提案を積極的にしたことも事実です。それがその後のさまざまなテクノロジー・イベントのひとつのモデルになったと思います。

それを後で振り返ってみると、やっぱりあれはシュペアーがヒトラーに最初のツェッペリン計画のプロポーザルをやったとき、彼も最初の仕事ですから、採用されるかどうかわからないから、かなり不安だった。だけれど、仕事が全然ない建築家が壮大な国家的なスケールをやるチャンスがもしあったとき、どうするか。そういうときに感じていたであろう気分とおそらく近かったかもしれない。彼はヒトラーのためにやろうとしたのではなく、彼の持っていた反近代主義的モニュメンタルな造型、――それは一種の新古典主義ですが、彼はトローストそしてテッセナウの系列の人ですから――を実現するのが、自分の方法論でもあった。

多木――ただ、磯崎さんとシュペアーとは、むしろ建築の方法のうえでつながりがあるかもしれないけれども、国家との関係で違いがあります。シュペアーの師のテッセナウは、ある時期まではかなりアバンギャルドだけれど、ある時期から保守的な建築家になりますね。その弟子だったシュペアーは、早い時期にナチへ入党しているでしょう。

磯崎――しています。あの時代の「不安」のようなものを感じていたんでしょうね。入党していたからプロポーザルの機会があった。

多木――このことを考えると、三〇年代のドイツのかなりな部分がファシズムに期待を寄せていたことを否定できないと思います。昨年、再燃したハイデッガー＝ナチ問題というのもそのことと関係しているかもしれませんが。

政治と文化という問題を新しくとらえなければならないと思いながら、そう単純に、判断できるものではないということが、僕にはその時代、まだわからなかった。ちょうど六〇年代の終わりの頃、スターリニズムとファシズムに対しては絶対に反対だったし、どうやって自由を見つけたらいいかという問題にほとんど神経症的に焦立っていたわけです。だから、視点がうまく出せないまま、政治化という極限化を選んでいたと思います。

ところが、実際にはいま話されていることは、単線状のものではなくたくさんの系や現象がいりまじっていたことも経験していたんですね。一つは磯崎さんがテクノロジーによるところの祝祭空間を考えたのと時を同じくして世界中でも同じような考えがあった。僕には一番インパクトが強かったのは、ペラペラのガリ版刷りみたいのをやっていた人たちが外国にいたでしょう。

磯崎——やっていました。『アーキグラム』という雑誌です。

多木——いまでは立派な本になっているけれども、ガリ版刷りだった。あれが出ていたのは、大体その時期でしょう。もうちょっと前かな。

磯崎——いわゆる『アーキグラム』という雑誌のスタイルをとったのは、六四、五年で終わっていて、ピーター・クックたちがもういっぺん再編成をしてパンフレットを出しはじめた。そのときも『アーキグラム』

だったかしら。

多木――そういうようなものが世界同時的に出はじめた。つまり空間を人間的なものに変えていくためにテクノロジーを使いこなしていく。人間がテクノロジーに使われるのではないという形のテクノロジーの考え方があった。

記号論の登場

多木――もう一つは、ちょうどその前ぐらいから、日本では山口昌男さんたちの活動から、刺戟的なものをうけとりだした時代だったと思うのですが、記号論がようやく僕なんかに届きはじめた。僕が記号論を最初に学びはじめたのは、六五、六年くらいだったかな。

磯崎――あのときに建築の記号論の一番最初の本が出た。ウンベルト・エコもちょっと書いている。

多木――ウンベルト・エコだとかブロードベント、そういう人たちが書いていたように思います。

磯崎――いまトロント大学にいるベアード。彼が編集した本だと思います。アンソロジーです。

僕はあのとき、ウンベルト・エコの文章を読んで、建築家以外の人が記号論で建築をぶったぎると、いい加減になってしまって、わかっていない人だなと思いながら読んだ記憶がある。

多木――確かにそのとおりだと思います。いまにいたるまで、建築の記号論は、うまくいっていないのですが、その当時は、まだ、はじまったばかりで。僕にとってインパクトがあった記号論は、むしろロラン・バルトの初期のものだったように思います。僕は『コミュニカシオン』の一号(一九六一年)で、彼の写真の記号論を読んだのが最初ですが、「コードのないメッセージ」というよく知られるような概念に触れたことからでしょうか。

ロラン・バルトというのは、話が飛ぶかもしれませんが、僕は、哲学者でも思想家でもないから、必ずしも哲学でのいろいろな問題の提起をよく理解できてはいなかったが、それは、こちらが理解できないと同時に、芸術や建築の問題と必ずしも重なってこないような気がしてならないんですが、バルトの場合は、初期記号論からの転身を含めていろんな示唆を豊かに送りだしてくるように思っていました。哲学の場合だと、フーコーが強烈なかたちで見えていました。

もう一つは、その記号論とも関係するんですが、新しい消費社会論がでてきたことです。例えばボードリヤールの『物の体系』が六九年に出た。実際に読んだのは七〇年代に入ってすぐでしたが、それはある意味でものすごいショックでした。幼稚な話ですが、僕は消費社会をどう見るかということについての示唆をそれでやっと与えられたわけです。一方で文化と政治という問題があらわれると同時に、他方で、新しい建築の考え方、さっきの『アーキグラム』だけではなく、ヴェンチューリとか、アレグザンダーとか、そんな情報をうけとりはじめ、また、これまでとはちがった知的革命がものすごい勢いで進入してくる時期だったわけです。
ちょっと先走りますが、ボードリヤールなんかを知るまえに僕が七〇年代になってはじめた仕事が、ものを記号レベルで考えるというのはどういうことか、ということでした。これは七一年のことです。

磯崎――そこあたりの動きも共有している。おそらく次回の話はそこに焦点を絞れればおもしろいと思うんですが、僕にしてみると、いままさに多木さんから批判されるような状況はあったと思うし、しかし、それを受けるか受けないかという判断もできないままに現実のほうが動いていった。そのあげく、完全にクライシスに陥った。肉体的なクライシスです。簡単に言うと寝込んでしまった。
そういういきさつで、つまり六〇年代のごちゃごちゃをいっぺん再整理しようということを思いはじめた。それから先は、《建築》を成立させる一切の外在的諸条件を排除しても残る最後のものはなんだろうか。そういうことを自分で考えはじめた時期です。

〝傷〟をどう受けとめたか

磯崎――つまり、六八年は僕にとっては、革命として盛り上げていったというよりも、その結果として、つまり学校を卒業して一五年たっているわけですが、学んできたすべてをそこでいっぺん清算するきっかけになった、という感じがします。

僕の六〇年代の初期の理論や方法はブントの思考方式を建築・都市論へひき込んで展開した、と分析してくれた人もいましたが、僕はブントの何たるかをまったく知らなかった。おそらく時代の気分に同調していただけでしょう。そして、六〇年代の後半に自己言及だけに立ちいたる袋小路のなかでもがいていて遂に壊滅するのですが、その過程で、公式左翼の進歩と反動、近代芸術のユートピアへむかう未来への確信、などのアバンギャルドが挫折したといっていい。そして、おそらく唯一の基準として、ラジカルであること、が浮びあがったように思います。建築家としての仕事として完成した一九六六年の大分県立図書館は自ら「近代建築」へ提出した卒業設計、なんて呼んだのですが、ともあれ、清算する時期に立ちいたった感じでした。

多木――それもある意味では並行していますね。つまり批判の側が、その微妙な問題を全部はっきり理解し、意識してやっていたわけじゃないのです。芸術の廃棄、デザインの廃棄というところまで行き着いてしまうことから、自分だけ免罪になるような視点はなくなってしまうわけです。今後、芸術やデザインに関係ない、というなら別ですが、もともと関係しつづけようとしているから、批判もでてきたので、その結果、自分自身が受けた傷は、みんな結構大きかった。問題なのは、そのトラウマを直接ではないにしても今度はどうやって自分の仕事として展開できるかということをやれた人があまりいないということでしょうね。

磯崎――建築でもそうです。ものをつくっている連中で意識していた人はいたって少ない。だけど、ある意味で言うと、それを受け止めた人間だけが七〇年代以降、生き延びたのだと思います。少なくとも七〇年代では。八〇年代は無関係になってきた。八〇年に出てきた人は、そういうことの傷がなくてもやれた人だと思います。

多木——そうですね。

磯崎——事実、七〇年代をふりかえってみても、それを通過していない人はおおかたのところ、六〇年代までのスタイルを惰性でただ商業的につくっているだけで、ちっともおもしろくなかった。

多木——その当時は、漠然としかわかっていなかったことが、たとえば多様で離散なものをどのようにとらえる視点をもつか、ということでしょうね。だから、ある種のラジカリズムにもなりえたのですが、構造主義に多少は触れていても、僕には構造的な把握がわかっていなかった。こういう認識のどこかを短絡化してはじめて発生してきた状況にいたわけですから、そこらへんのところが、批判される側も批判する側も、ともに傷を受けるというのが、六八年の出来事だったと思う。本当にそれで消えていった人はラジカルの側に大勢います。

磯崎——それは六〇年代にラジカルだった人たちが、ただラジカルで沈没した人が多いということですね。

多木——そうです。これは建築でもありますね。

磯崎——建築の周辺のデザインを含めて、結構多いです。美術界に関してもそれはありますね。何人かのポスト・もの派の人たちは、つまり美共闘から出てきた連中は――いまは大家風ですが――七〇年代は、仕事がかなりしにくかった人たちが多いみたいです。

多木――大学の教師は一挙に反動に戻りまして、元の木阿弥になる。六八年のあいだに経験していたことは、いまから考えると建築、デザイン、工業社会、消費社会、広い意味でのそう簡単には批判できない資本主義という問題へのあたらしい認識の手がかりを理論的につかみだして考えろということだったと思う。

他領域への関心、ポップの影響

磯崎――六〇年代の終わりごろ、僕にとって二つ関心事があった。一つは廃墟論につながるような、観念としての建築を考えて、それを方法化するという側面。もう一つはテクノロジーを極端まで、というか、ある意味でラジカルに行き着くところまで行き着かせることによって、それが生み出すかもしれない変化に賭けること。その二つの関心が、いまだにパラレルにある。

多木――もう一つあったのじゃないですか。磯崎さんが出てくるまでは、建築はあくまで建築だという、建築のひとつの閉鎖性のなかで問題が考えられていた。丹下さんもそうですし、メタボリズムは当然そうだった。ところが、芸術の世界で、その当時ようやく境界領域ということが問題になってきて、それを建築のなかではっきりさせはじめたのが磯崎さんだったのじゃないか。

磯崎――それは僕自身の関心が、例えば六〇年代を通じても割とほかの領域の人たちとの付き合いのほうに向いていて、建築との付き合いが、むしろ従だったというか、ある意味でいうと、建築家としてアマチュアリズムを通したいということをずっと思ってきたこととからみます。六〇年代には、ほかの領域の人たちとのコラボレーションの仕事がとりわけ多かった。そして、そういうことによって、いわゆる建築の領域ではなく、文化、思想の分野につなぎたいと思っていたところはありますね。

多木――そこが僕にとっては、一番興味のあるところだったと思います。

もう一つは、ポップアートが出てきたのが六〇年代です。ポップアートのインパクトは想像以上に大きくて、とくに建築に与えた影響はかなり大きかったと思うんです。建築の理論家でいうと、イギリスのレイナー・バンハムは、早くからイギリスのポップ・アートの先験的形態に目をつけていたし、建築家ではヴェンチューリだって『アーキグラム』だって、ある同じ傾向をもっていた。ポップアートは、いわば芸術と社会とのあいだのつなぎ直しを考えさせたわけです。例えばそれ以前の二〇年代でも、つなごうとしたけれども、結局はアバンギャルド化してしまって、逆に大衆からの拒絶反応が強くなってしまった時代だった。ポップアートはそのあいだを消費社会という背景のなかでもう一回つなぎ合わすことをしたわけで、直接的に美術の問題という以上の問題を喚起したと思います。

ポップアートの時代に、はじめてはっきりと消費社会というものが認識されはじめた。つまりポップアートが正確に答えたというより、消費社会と芸術という問題をどんなかたちでとらえるか、というプロブレマティックだったと思います。

その問題を建築の分野ではっきり意識にのぼせていたのは、磯崎さんぐらいだったのじゃないか。

磯崎——建築をポップアートにいきなりつなぐということは、なかなかうまくいかない。

多木——直接はいきませんね。

磯崎——むしろポップアートがもった社会的な意義、いまの多木さんの話にあった関係の組み換えを建築のなかでやったらどうなるのか、という意識はありましたね。

多木——ですから建築を一つの実現されざる概念として考えていくということと、テクノロジーの問題と社会との関係の問題、こういう三つの問題を六〇年代の終わりごろまでに、磯崎さんは自分のなかで感じとっていたのだろう。

さらに磯崎さんの場合にはっきり出てきていたのは、そこが特殊といえば特殊なんですが、哲学で言う身体論が扱うよりも、もっと生な身体——それのほうが本当の身体なんですが——から立ち上がってくるなにかがあったのではないか。つまり、外から与えられる、工業社会や消費社会からのインペラティブなものではなく、身体の外在化という意味での建築、あるいは建築の内在化としての身体が、問題になっていたのではないか。

磯崎――そのとき好きだったのが「内触覚的」という言葉です。五感を超えて、体の内側で感じる部分というか、それが目を通じても、耳を通じても、足ざわりを通じても、手ざわりを通じてもある。そういうものとして建築を考えたいと思っていました。それは一種の空間的身体論です。それを可能にする一つはテクノロジーだと思っていた。確かにそのとおりです。テクノロジーをそれに使おうとしていた。

歴史・批評・記号

多木――磯崎さんが歴史というものを自分のコンテキストのなかに取り入れはじめるのは、もっと後のことだと思います。

磯崎――そうです。

多木――後なんですが、実は概念としての建築を考えるということが、すでに歴史に対する批評としての建築という問題として登場していた。つまり、建築というのは、実は歴史への批評、あるいはメタ言語なんだという形でとらえて、建築は歴史を変形してもいいという、そういう考えが潜在的にあったのが、六四年ぐらいの作品だったのではないでしょうか。その面と身体、テクノロジーという面とを評価しつつ、微妙な政治と文化のあいだに挾まった磯崎新の立場を批判することになってしまうわけです。ですから、作品の分析と政治的な批評の分裂をその当時指摘されたことがありますし、作品からひきだした問題と、政治的な批評のどっちに意味があったかというより、分裂したままで出ていたことが、その当時の僕の限界だったと思います。これを別のかたちでいいますと作品の分析はポエティック(詩学)の次元ですが、政治の次元はレトリック(修辞学)ですね。この差異がわからなかったわけです。

磯崎――僕は、大袈裟に言うと多木さんの批判が痛いぐらいよくわかっていたつもりです。だけど、僕のそのときのレスポンスは、「そう言われてたってどうしようもないじゃないか」というものだったのです。それじゃ、なにをやれというのか。建築家やデザイナーに対して、ものをつくるという行為を放棄しろと言っている人もいた。それは簡単で、いまだって投げ出せば投げ出せる。だけど、投げ出したところでそれがなんの意味があるかということが、もう一つ僕にはつかめなかった。

多木――あの批評を読んで、あのような状況の真只中のことですから、ずいぶん不快に思われた面もあるかもしれないけれども、僕自身としては、あれはそれなりに全力投球の批評だった。だから磯崎さんの作品についてはよく見たつもりでした。

磯崎――そのとおりです。あのとき、多木さんだけではなく、いろいろな人から批判された。例えば宮内嘉久さんもその一人です。宮内さんは、オールドコミュニストみたいなところがあるから、批判が単純明快です。要するにやっているのが悪いという批評ですから、それは僕もよくわかる。いまでも友達ですが、その批評はそれ以上僕に刺さるようなことにはならない。ほかの批評は、宮内さんに引きずられているような部分があって、「ブルータス、おまえもか」というような、その手の批評が主だった。

そこで多木さんのだけは違っていたわけです。僕のもっていたいくつかの問題意識とか方法、あるいは仕事の部分を分析することで批評を組み立てている部分があったから、それは僕に刺さってくる部分がありました。ほかの批評は、極端に言うと、こたえなかった。

多木――そのときにはじめて建築における記号の問題が僕のなかで具体的に見えてきた。つまり、一方では身体といいましたが、形式を分析しながら、磯崎新の方法は記号の問題として考えるべき要素をもち、記号について考えさせるものがあると気がついたんです。それは指摘したつもりです。

磯崎――そこはよく覚えています。記号という問題をそういう形で出してくるということは、ある意味で言うと、情報操作にかかわるポップアート性みたいなものを考えていくときに、有効な道具になっていくという面があったと思います。

もう一つの道があった……

磯崎――そういう側面があったけれども、そういうものを含めてあの時期の僕の問題意識は、少なくとも僕自身ではなく、世界で同時多発みたいな形で建築界でさまざまな動きが出てきている、ということでした。つまり、一見多様に見えるけれども、ある意味ではステレオタイプ化している近代建築の概念を、どういうふうに批判するか。その点においては共通している。
その部分を並べてみるとどうなるのかというので、そこで僕自身は一種のサーベイをやった。『建築の解体』という本にしたのは、そこの部分なわけです。あのなかには僕自身についての章はありません。それはなんとなく気恥ずかしいということがあったのでやらなかっただけで、対象として扱った各人のなかに盛り込んでしまった。
あのときには、考えてみたら、ヴェンチューリ、アレグザンダー、セドリック・プライス、アーキグラム、ホライン、スーパー・スタジオとか、そういう連中までカバーしていた。しかも、トム・ウルフとかもね。彼こそまさにアメリカ的でラジカルに破壊的だった。やがて、やや反動的なポップ建築のイデオローグになってきたけれども。そういう人たちの仕事は、ある時代の転換みたいなものを表現していたという感じが非常にあります。
多木——そうですね。トム・ウルフの名前が出ましたが、アメリカのニュージャーナリズムと言われたものも、同じ動きの一つだったんですね。ただ、議論が乱暴だった。読んで役に立つとはあまり思わなかった。
磯崎——しかし、あの時期、その気分はよく伝わっていましたね。
多木——六〇年代の終わりにさっきから話しているようないろいろなことが同時多発に起こって、非常に重層的で、一見するとめちゃくちゃな、つまりラジカルな政治闘争からフーコーやなにかの仕事までが、同時にわれわれのなかに入ってきていた。それを重層的に受け止めて、そして六〇年代の終わり頃に、身体行動まで伴ったような政治的過激をどんなふうに思想化できるかという問題を抱えながら、七〇年代に入ってしまうわけですね。そうすると、なにをしていいかわからない。気がつくと自分のまわりも変っていて、みんなバラバラになってしまっていた。そのとき記号論——といっても、一番最初のころに出たブロードベントとか、エコがやった建築の記号論ではなく——といえるかどうかはよくわかりませんが、自分の方法として、七〇年代のはじめにかなり素朴なところから考えてみよう、という仕事を僕ははじめてみたわけです。あとで、だんだんわかってくるのですが、それは記号の問題というより、ディスクールやレトリックの問題だったんです。そんなこともよくわからないで、書いていたので、これはやっと八〇年代になってわかってきました。「もの」、ディスクール、「政治」というようなことが、レトリックという視野で……。

磯崎——それに引っかけて言うと、あとでチャールズ・ジェンクスが『ポストモダンの建築言語』という本を書いたわけですが、それはエコやブロードベントが書いているあの本からきている。

多木——そうですね。

磯崎——そのような六〇年代の終わりの建築の記号論から出てきた動きはあるけれども、それは結局のところ、僕が見ると、多木さんが触れた批評とか批判という部分を落としてしまっていた。それで社会との関係に対する一種のかかわりやインパクトを、批評としてもつべきことをはずしてしまった揚句、ジェンクスのポストモダニズムに行き着いてしまったように思う。

そうでない方向が、本当は七〇年代の最初のときにあったはずです。そういう意味で、同じ状況のなかで問題を共有していても、もう一つ別れ道があったのじゃないか、と思うのです。

宴の後に——七〇年代前半の模索

三島事件のショック

磯崎——一九七〇年の一一月に三島事件が起こりましたが、あのとき多木さんはどこにおられてなにを感じられましたか。

多木——最初にそのニュースをきいたのがどこにいたときかはっきりしませんが、なにかを考えるというよりは、まず強烈なショックでした。これは一体なんだろうか、よくわからなかった。いろいろな人が新聞でコメントをしたり、雑誌で書いたりしていたけれども、もう一つピンとこなかった。僕の理解を超えたものがあったということでしょうね。

ただ一つあるとすれば、六〇年代までの経験のなかでは、文化と政治をひとつの対立関係としてとらえて、片一方が利用するとか、抑圧するとかと考えてきたわけですが、しかし三島事件のなかで直観したのは、それが不可分に結びついているということだったかもしれません。僕自身が六〇年代から七〇年代に移る経験のなかで政治と文化が分けて考えられないということを感じていましたから、三島事件にもそれを重ねて理解したのでしょうね。三島事件そのものを思想的に考えたことはその後もありませんが、政治と文化の関係としてならば、現在に至るまで、自分のなかにずっと尾をひいてきているという気がする。文化と政治は分離できるものではなく、どんな文化についてもその政治学が考えうるというようなかたちですね。

磯崎――例えば六八年を、フランス経由で五月革命といったり、中国からきた文化革命といったりしていますが、あのときに言われていた文化の概念といま多木さんが言うような文化と政治との関係でのなかでの「文化」は、つながっているんですか。それとも別ものですか。

多木――僕が文化というのは、非常に広い意味で考えていますから、中国における文化革命の「文化」とは意味がちがうように思います。中国のことがよくわからないのでその差異を正確に分析する能力はもち合わせていませんが、たぶん革命を起こした精神があっても、社会が安定していくにつれその革命の精神が崩壊していく。それに対しての反撃、政治の体制に対する反撃というものだったんだろうという気がするんです。一種の精神主義に近い。

磯崎――精神革命ですか。

多木――精神のダイナミズムをとりもどそうということでしょうか。それが、例えば六〇年代の終わりの学生運動のなかに入っていったとき、学問の解体、文化の解体、芸術の解体という形で、文化革命のもっていた精神性を受け継いで、徹底したラジカリズムによって既存のエスタブリッシュメントを崩壊させようという形をとった。エスタブリッシュメントに対する戦いを文化革命と呼んでいた。毛沢東がどこまで、何を見通していたのか、僕にはわかりませんが、おそらく彼からみて、なんらかの危険を中国の政府の中心部に感じたから、中心こそ問題だという形で大衆を動員して問題提起したわけでしょうね。いま僕が文化の政治学を考えるときには、そういう問題ではないように思います。

磯崎――三島事件があういう形で起こる前に全共闘と三島の対話とか、三島自身のさまざまな発言があった。彼の自作自演の映画『憂国』がありましたが、なぜか二へんも見たのです。そのくらい関心があったんだけど、そのとき僕は、天皇制の問題を三島があういうかたちで、本気で考えているとは全然思っていなかったのね。彼の行動の型がおもしろいという関心はもっていた。ある種のラジカリズムですね。全共闘との対話のときも、おまえらが天皇を認めれば手を組めると言っていましたが、僕は半分ぐらいはジョークだと思っていた。その程度の認識でした。

三島事件が起こった日は、なぜかしら原広司さんと対談する日だったんです。二人とも、会うには会ったけれども、対談にはならなくてそのまま別れちゃった。あらゆる意味で興奮させられる事件であったことは確かです。

七一年は最大の危機だった!

磯崎――そういう事件がいろいろ起こっている最中に、僕自身は万博のお祭り広場の仕事をやっていた。万博は七〇年の三月です。なにはともあれ完成にまでこぎつけたのですが、その前の日、大阪はものすごい雪が降って、寒かった。そのなかを半分徹夜で、最後の仕上げのために駆けずり回っていた。そして宿に帰った途端にぶっ倒れたんです。おまけにさまざまなことが重なって気分的にもダウンして動けなくなった。翌日は車椅子に乗せられて、万博に行かずに飛行機に乗せられた。

帰宅して、ばかばかしくなったというか、なんというか、わからなくて、万博のあいだ中、六カ月ぐらいほとんど寝ていました。肉体的には回復したのですが、精神的に回復しなかった。そして起きあがった途端に三島事件が起こって、またダウンというような感じになり、それからしばらくは、なにもしなかったですね。

そのときは九州にいたんです。すでにそのとき東京一点集中批判という議論があって、建築家は都市に所属すべきである、地方都市であっても都市に所属すべきである、という理屈をたてたのです。ルネッサンスの建築家がフィレンツェに所属したみたいに、どこかの都市に所属したほうがいいとなぜか思ったんです。

その当時、根拠地の思想とかいろいろありました。そういう影響もあったのかもしれませんが、それで福岡に移っていたんです。そして大阪に通っていた。そのうちに偶然に〈群馬県立近代美術館〉の仕事が東京を介してきた。

多木――そちらのほうが先ですか。〈福岡相互銀行《シティバンク》〉は？

磯崎――〈福岡相互銀行本店〉のほうは、その時できあがりかけていました。それから〈群馬県立近代美術館〉の仕事です。それで、結局、東京に戻ってきました。

寝ているあいだ、つまり一九七〇年から七一年のはじめにかけて、六〇年代にやっていた仕事を整理した。その間、後に『建築の解体』という本にまとめた連載を書いていました。そういう事態の中で、七一年ごろに〈群馬〉の仕事をはじめた。そういういきさつです。

六〇年代の仕事をつうじて、「建築」を解体へ導こうという意図は、たしかにオブセッションみたいになってましたね。〈大分県立図書館〉では建物を変動過程において、それを〝切断〟することによって、その成長性を逆説的に呈示しようとしたし、〈お祭り広場〉は〝見えないモニュメント〟と呼んで、光や音や動きだけを手がかりにして、瞬間的に消えていくものだけをデザインしようとしたし、それが、六カ月で消滅するところに最大の関心がありました。そして、相変わらず、未来都市は廃墟だという出発時からのイメージに動かされていたのですが、いっぽうで、世間でも、終末論が流行して、先細り傾向もありました。だから、〝デザインの放棄〟がもっとも明快で、とりつきやすかったスローガンだったんだけど、それもいったん口にしたらもうそれ以上することがない、つまり事態の〝終り〟を確言するに過ぎないことになります。だから、今度は逆に、ものをつくるデザインとはなにかという問題については手掛りがない。そういう事態に、おそらく七〇年代のはじめに立ち至った。そういう意味では、僕にとっては最大の危機状態です。六八年ではなく、おそらく七一年ごろが最大の危機であったという気がするんです。

記号論の二つの側面

磯崎——そのときたまたま偶然、六〇年代に書いたものをまとめる機会があった。それは『空間へ』という本にしたのですが、それをやっているうちに、無意識に手法という言葉を濫用していたのに気づきました。理由はわからなかったのですが、方法ではなく、手法のほうが重要だと思っていたところがどこかにあるんです。そこを考えてみたらと思いはじめたんです。

そこで手法論を書くことを思いたった。それは、福岡の仕事が終わる直前ぐらいだから、七一年の後半です。

多木——プライベートなことですが、確か福岡へは一緒に見に行きましたね。

磯崎——ええ。あの建物の撮影に行った。

多木——その時にそういう話も出たような気がするんです。でも、いまから考えると、僕は非常に単純に、語る内容より語り口に意味がある、という考え方でうけとめていました。つまり、フォルマリズムと異化の理論の枠で理解していたんですね。

当時の僕の感じでは記号論といっても必ずしもひとつにならないようなものを含んでいたような気がし

ていました。一方では記号の科学があり、一方には文化の記号論があった。例えば山口昌男さんに代表されるような文化人類学者たちが、アルカイックなものを対象にしながら、文化のダイナミズムを探究していたと思いますし、そこからの発信量が大きかったので、僕も自然にその影響をうけていたと思います。人類学の場合には、文化と政治をはじめから分離しない、政治の形式もひとつの文化であるわけで、これを解いていく方法としての文化記号論があったように思います。

僕は人類学者ではないし、アルカイックな儀式やプリミティブな神話学にあまり興味がなかったんですが、ちょうどそのときにわれわれが迎えつつある大衆消費社会で、そこでのコノテーションの網目から、どうやって逃れられるかはわからないまま、アルカイックな神話学の方法が、消費社会の読解に結構有効だなと感じていたわけです。

でもそれはかなり屈折していまして、むしろこうしたコノテーションを零化できないかどうか、という問題意識の方が強かった。

記号論について言うと、記号の科学的厳密さという点から出発した記号学者たちには、それが文化の学であるということの認識があまりなかった。しかし、ソシュールやバンヴェニストは厳密な手続きをしながら、同時にそれが実は人間の文化全体をとらえる学だということまでを認識していたわけです。

その当時の自分のことをできるだけ思い出してみますと、僕は人間の関係する物が、一体どんな仕組みになっているのかを考えようとしていました。殆ど素手で、です。たとえば椅子とか、テーブルとかいう家具です。どの場合も結局は身体技法に対応したタイプと具体的に個別の形として生まれるトークンとがあることを確かめ、かつタイプにもいくつかの差異があり、またひとつのタイプをもとにしたトークンのあいだに生じてくる差異からなにか身体技法の変化をみつけようとしていたわけです。タイプの総体が文化であり、そのダイナミズムは個々のトークンの差異のなかに見られるというような考えを進めていましたが、これらがはっきりした形をとるのはそれから一〇年くらいあとのことです。

また詩学と修辞学との区別がつかないまま、それらを一緒にして、文化を扱う記号論の次元と思っていました。

手法論へ

多木——ちょうどそのころに磯崎さんがマニエラという言葉を使って手法論をはじめたわけです。これは詩学です。結局、磯崎さんの場合は、終始一貫「芸術」が問題だったわけです。考えてみると、手法というのは建築家の用語としては、以前からあった言葉でしょう。

磯崎——もちろん前からあった。だから僕も無意識にやたらと使っていたわけです。

多木——そうですね。一般的に物事を手法で語るということが行われていたのですが、おそらくそのときあらためて意識されたのはちがったコンテクストだったわけでしょう。なぜ「手法」に収斂していったのか。うんざりするような社会的、政治的体験を経てきて、一体そこになにが残ったのかというとき、これまでの建築のいろいろな主題、つまり意味内容、シニフィエのほうに寄りかかって物事を進めること自体の不可能さを感じはじめていたからだと思います。そうするとシニフィアンの構成の問題になってきて、それが手法論として磯崎さんのなかではっきりした形をとって登場してきた。そんな理解だったんです。それはたぶん〈群馬県立近代美術館〉の前あたりの時期になると思うんです。

磯崎――ちょっと前です。〈群馬〉では、むしろその方法が意識化された。そのうえで設計をはじめたと思うんです。

多木――〈福岡相互銀行〉ができあがって、それについていろいろ書いたり考えたりしているときには、もうマニエラという言葉は出ていましたね。

磯崎――言いはじめていました。言いはじめてはいたけれども、明快に目標を定めるほどそうクリアに整理がついていなかったんですね。

おそらくそのきっかけは、六〇年代に「見えない都市」を論じたことだと思います。すなわち、実体が構成している都市というこれまでの考え方からではなく、実体から剝離したシンボル――そのときには記号という言葉は使わなかったと思います――がこの都市の主たる構成要素とみるべきだという考えからでした。

なぜかと言うと、僕の知識がソシュールとかその後の記号論の展開等については六〇年代の初期では皆無で、せいぜいカッシーラーとか、パースとか、そこらへんの知識だけだったからです。せいぜいシンボルと呼んでいた程度でしたね。その後の版では、そのシンボルを単純に記号と呼びかえていいと書いたりしていますが、すくなくとも、都市の構造が実体よりも非実体的なものが優位に立つ状態に変わるだろうということが、六〇年代半ばごろの僕自身の考えでした。

それを自分の仕事のなかで展開するため、例えばお祭り広場を見えないモニュメントと定義して、光、音、動き、など、エフェメラルなものだけが構成する空間に設営しようとした。それはテクノロジーがエフェメラルなものをよりスピーディーに生産する、という仕組みをもっているという認識があったからなんです。実体から非実体へという方向性を手がかりにそれを支える方法を六〇年代を通じて、とくにその後半の時期に、探していました。

それがだんだん実際の建物をつくる機会にめぐりあったときに、これをどう理由づけるかということになってきた。

最終的には記号性になっていくと思うんですが、ものではない、ものから剥離してきている部分、そういう部分に焦点を当てた方法を組み立てたい。しかも、それが都市だけではなく建築のさまざまな状況に対しての共通の認識になりつつある。『建築の解体』を書いていたときには、そういうふうに思えました。なぜ手法としたか。実は僕自身にも説明がつかない。いろいろごたごたしているわけです。おっしゃったようにたしかにマニエラという概念が一つあって……。

多木——マニエラを最初に使ったのはいつごろですか。僕が覚えているのは七一年か、二年ぐらいですが。

磯崎——七一年の夏、そのころの時期です。もちろんそれ以前にマニエリスムに関するいろいろな議論が、六〇年代をつうじて、美術史のほうでありました。といっても、それは一六世紀に集中するか、あるいは全美術史を横断する概念かというレベルの議論でしたね。そこでのマニエリスムというのは、どっちも僕の具体的な方法とからんでいなかったわけです。

その時点で漠然と考えたのはむしろアナロジーです。一五世紀に対して一六世紀がマニエリスムだというのと同じように、近代建築をもし一五世紀のオーソドックスなルネッサンスというならば、われわれは一六世紀のマニエリストが正統なルネッサンスを見たのと同じ立場に立たざるを得ないのではないか、おくれてきたジェネレーションだ、ということでした。近代建築に対しておくれてきたジェネレーションだからマニエリスムの立場を取らざるを得ないだろう。そういう意識です。

それは単純にアナロジーとして引いてきたわけですが、その後、国外で数々の機会に、弁解に苦しみましたね。マニエリスムは非創造的でニヒリスティックで、駄目な時代の代名詞なわけだから、自ら駄目だと広告しているようなもんだ。だから僕のモノグラフを書こうという奴らは二流の批評家が多い、なんてね。

むしろ、手法論をやるとき、一番最初に考えたことは、状況認識として近代建築がもっていた単一で普遍的な原理を、われわれはなぜ信じられなくなってきたか、ということでした。それに答えることを一番目の目標として考えたのです。単一で普遍的なものの支配から無限に逃れ得る思考方式はあり得ないかということですね。

方法ではなく手法だったのです。手法というのは完全にパーソナライズしているという意味もひっかけてあります。自分の手という考えですからね。パーソナライズしている、だから普遍化されない。要するに個別化されている。最近の言葉で言えば、単独性《サンギユラリテ》を主張する一つの手掛りとして自分の手の痕跡だけ、そういう言い方をしたい、こんな気持ちがありました。

ところが一方で、ともかく設計をつうじて具体化しなければならない。それは、手続きを指示することでもあります。そこで、手法とは具体的になにを意味するかを僕なりに強引に——いまでも理屈に合っていると思わないけど、七つの手法とかという形で——整理したわけです。いちおうの目論見としては、手法論ということにしました。

建築の事例を、つまり僕自身の仕事を、つねにそれをその枠のなかに当てはめるという、それぐらい逆転したやり方で考えようとしていたのですね。そういうところがありました。

多木――その単独性は、結局、磯崎さんが建築を場としながら芸術をどう考えるかということだったんでしょうね。ところで、磯崎さんはダウンしたとおっしゃるけど、七一年ぐらいから七五年ぐらいにかけてものすごく多産なんですね。

磯崎――ええ、ダウンしたあげくですが、パブリックな仕事をいくつかやる機会がありました。

「建築の建築性」と「生きられた家」

多木――かなり傑作をいくつか続けてつくった。そのころは、僕が一番磯崎さんに共感した時代だったと思います。ところが僕自身は、建築に関して、たいへんアンビバレンツなものを自分のなかにかかえこんでいたんです。

その一つは、これはマニエラと結局は関係するのですが、建築が建築であるとはどういうことか。要するに「建築の建築性」という問いが、強固にあった。私たちはたいてい一目でわかりますね、これは建築だとか、建築でないとか。しかし、それを論証するのは実は厄介な問題です。それを言語化していかなければならない。つまりその根拠を探すということがひとつあった。ひょっとすると、それは無意識に建築の歴史に準拠していたのかもしれないし、もっと構築的なものとして考えていたのか、いまでもよくわかりません。しかし、それがよかったかどうかはともかく、僕は、自分にとって面白い建築だと直観したものしか辿れなかったから、そこでは建築の建築性というメタ的な考え方をとりながら、結局は詩学にいきつく方法を考えていたわけです。

ところがもう一方に、これは磯崎さんと正反対の関心があった。磯崎さんは、建築はできあがった途端に建築の死がはじまるということをおっしゃっていた。ところが一般の人間にとってみれば、そこから建築と人間の関係がはじまるわけです。そうしてみると、人間によって経験される建築空間のあり方、変容、あるいは変質、そこで発生してくるものはなにか、という問題が生ずるわけです。これはもはや単独の建築家の問題ではなく、社会や時間を頭にいれたときのことで、それは多分都市という時空間で生じていることだったと思います。

この二つの問題が融合しないまま自分のなかで共存していたのです。建築批評、あるいは建築論をやるときは、「建築の建築性」の次元にもとづいた評価判断になってしまう。ところが、もう一方にも問題があることがわかっている。

もともとこれは現象学との接触のなかから出てきたことですが、それにヴェンチューリたちがル・コルビュジエと自分たちとの差異を明らかにする考えに刺戟されたところが多少はあったかもしれない。要するに「生きられた」(vécu)という問題ですね。それが七〇年代のはじめからずっとあって、たまたま七〇年代の半ばに一つのまとまった形で本(『生きられた家』)にしました。けれども、生きられた建築、生きられた家という問題と「建築の建築性」という問題が充分に結びつかないまま自分のなかで共存していたわけです。

磯崎——僕も問題の所在はわかっていたつもりだけども、結びつかなかったですね。いや、結びつかないのだといまでも思っています。

多木——建築家にとってみれば、建築はいつでもできあがったとき、もしくは図面の段階ぐらいのところで完全に終わるし、それがピークになる。そこからあとは崩壊して廃墟になっていくというのが建築家の思想です。ところが、ふつうの人間、そこに生きる人間にとってみれば建築はその時点からはじまるわけです。この二つの問題が相反しあったまま結びつかないんですよ。

磯崎——多木さんの『生きられた家』を読んでいてわからなかった記憶があるのね。僕は、生きられた家、生きられた空間といわれても、建築家の問題じゃないな、というぐらいの反応でした。

多木——それは磯崎さんだけではなく、篠原一男さんからもすごく批判された、当然のことですが。新しいものを批評すべきお前が、あんなものを書いてどうするんだという感じでね。

そのときにはまだ予感的で、はっきりできなかったので、のちにもう一回書き直して出版します。その理由は、生きられた家ということを追求していきますと、それが経験され、現象される非実体的な空間ということで終わっていたのではなく、実はつねに神話的構造を生み出すのだ、ということに気がついたからでした。ひとつは、アルカイックな世界での「家」の意味で、もうひとつは、消費社会でのデザインの問題です。

そこではじめて、いままで自分には直接あまり関係がないと思っていた文化人類学や、これまでもかなり強い関心をもっていた記号論が、あらためて自分のなかで意味をもちはじめた。生きられる家という主題は、結局はある意味で象徴の問題になっていくという枠組みが出てきたわけです。

つまり、生きられた家の現象学的記述と思っていたものが、経験を象徴的に解釈することだったのです。しかしこれはそのころの私の人間関係、交友関係とも関連するけれども、その問題を神話の問題、あるいはアルカイックなコスモロジーの問題と結びつけて解釈しよう、考えようという時期が、しばらくは続くわけです。

磯崎——だんだんはっきりしてきました。僕の場合は、さっき多木さんが言った二つの問題のうち、建築を建築たらしめるものはなにかという、このプロブレマティックの側しか考えなかった。もう一つの問題はあったとしても建築のなかに介入させない。僕のロジックとか方法の中には入れないでいこうというバリケードを張ったんです。

その意味は建築がもう一つ別な、メタレベルではなく横のレベルで、社会とか政治、人間や宇宙といったものに回収されずに、建築を建築として残さないといけない、ということです。残すということだけを考えない限り、戦略は成立しない。だからバリケードを張って、それ以外はすべて切り落とす。そういうことを七〇年代にずっとやったと思います。

多木――そのことはよくわかりました。僕が磯崎さんに共感し、重なり合っていると思ったのは、「建築の建築性」の部分です。これはあえて言いかえてみると「建築の芸術性」の問題だったと思います。それである建築にピュイサンス(力)を感じない建築は論外だと思った。しかし、さっきも言ったように、僕は建築家ではありませんから、どうしようもなく登場してくるもう一つの問題がある。

ところが、少し先走りしてしまうけれども、『生きられた家』のなかでたしかめていった象徴論には、行き詰まりがあるのです。というのは、その問題を追求していくと永劫回帰になってしまう、同じことをくりかえすわけです。もう一つは、建築でいうスケールの問題ですが、身体、家、都市、世界、宇宙などどんなレベルのスケールも全部入れ子になって重層していくわけです。この二つの問題が、生きられた家というのは人間の神話的世界だったということがわかってきたとき、非常にはっきりしてきたわけです。

僕はアルカイックなことには結局はあまり関心がなかった。それよりいま変わりつつある世界に興味があった。そうなると生きられた家の問題は消費社会論に含まれる。どのみち生きられた家という問題意識はあまり生産的なものではなくなってきたわけです。そのことが認識できるようになってはじめて、記号論を自分に有用な道具にするために、あらためてとりあげることになります。

磯崎——僕の場合には、おそらく、ちゃんと理屈立てて説明できないような拒絶の仕方をしていたと思います。だから極端に言うと、入れ子構造が成立する宇宙観とか、さまざまな横の領域へたやすくすべらせることのできるロジックといった部分をもてばもつほど、僕自身の組み立てようとする建築のデザインが分解してしまう、と思っていた。だから拡散されないようにする。それがさっき言ったような単独性《サンギユラリテ》にいきつこうという意図だったようにみえます。

もうひとつ別のレベルのこととしてアマチュアリズムの問題を考えていました。社会的には建築家はプロフェッショナリズムで支えられる。近代建築にみられたような一般化された方法に偏る限りにおいて、建築はいきなりそちらの側に収奪されてしまう。仕事が吸い上げられてしまう可能性がどうしてもある。それを拒絶することについてものすごく考えましたね。

大学にも所属しない。協会にも所属しない。観念の延長としての手の痕跡だけが生産されるアトリエという狭いわくのなかにこもる。大げさに無名化するような組織化を拒絶する。それは社会的に、あるいは建築業界のなかではある種偏屈で、かたくなな僕の姿勢であったわけです。そういう意味で僕は大学に所属することを逆用していた篠原一男のやり方には、関心をもっていたし、共感をもっていた。彼も似たようなやり方をしていた。扱う対象は違うけれどもね。

ベンヤミン、そして宮川淳

多木――単独性というのは、人間の存在の仕方としては僕にとってはまったく当り前のことだった。いまでもそうです。しかし、そのことと哲学することとは別です。僕が『生きられた家』を書いても、建築家はほとんど関心をもたなかった。もたないということははじめからよくわかっていた。というのはやはりそれは建築家の創造の手引きにはなるものではないからです。僕の場合は人間の生きていく空間や、その道具だてに興味があったからです。生きられた家も都市の問題も同様のレベルにありました。あとになって考えてみると、こういう問題への関心には、直接的ではないのですが、ベンヤミンの影響もあったように思います。彼のボードレール論やパリの一九世紀を論じたものに興味を抱いていました。でもベンヤミンのことも最近ようやくなにかが分かり始めている程度で、その頃は殆ど分かっていなかったと思います。

一方、批評に関していうと、僕は建築の批評を書くといっても、建築界全体を見渡してある方向を見定めるという仕事はしてこなかった。建築界なんか、どうでもよかったわけです。いまから考えると、むしろ、最初から面白いものとそうではないものとを選別して、ごく限られた建築に関して、なぜそれが建築なのか、あるいはなぜそれが思考の問題たりうるかだけを分析してきたようなものでした。面白かった人でも興味が重ならなくなると書くのをやめました。

磯崎——なぜ建築が建築であるかという部分に関して言いますと、六〇年代の半ばぐらいから僕は宮川淳さんと付き合いはじめた。だけど、彼は僕のなかに踏み込まないし、僕も彼のある仕事の領域に関心をもっていながらそれほど入り込まなかったのですが、手法論を書いてからすごく親しくなったんです。亡くなる数年前、最後に宮川さんは「手法論の余白に」という文章を書いた。著作集でみると、その原稿に四回ぐらい書き直しの手を入れていました。

僕は宮川淳さんに、いろいろな意味で啓発されたのですが、一番最初は僕も若干加わっていた六〇年代初期の反芸術論争のときでした。東野芳明さんが仕掛けたシンポジウムで、僕もパネラーになったんですが、反芸術論の是非をめぐっての議論があった。彼はそれの批評を書いています。

六〇年代の半ばのことですが、彼の結論は、〝芸術の消滅の不可能性〟ということで、これを自己言及的なパラドックスとして説明した。そういう形で彼は美術批評の世界に登場したわけです。

〝芸術の消滅の不可能性〟ということは、芸術に対して反芸術など言っても、裏表であって同じことだ、反芸術といってもはじまるまい。むしろなにが芸術を芸術にするかという問いかけの部分を論じないといけないし、それを問いかけること自身が、すでに芸術の成立の根拠になってきているのだという、そのパラドックスを問題として出したわけです。

その議論の過程を見ると、彼はそのときまで、ポスト構造主義の、いろいろな人たちの仕事をどれだけ知っていたか知りませんが、六〇年代の半ばで、フランスのその連中と問題意識を完全に共有していました。日本にいる僕らは、フランスの連中のことをなにも知らなかった時期ですから、それはたいへんおもしろく思った。

さっきの「手法論の余白に」というエッセイは、おそらく七三、四年の執筆ですが、そのとき僕は、正直言って、なにを言われているのか半分ぐらいわからなかった。あとでよくよく読んでみると、つまり僕の手法論を、ディコンストラクションそのものとしてとらえてあったんですね。ディコンストラクションは八〇年代にアメリカ経由で日本に流れついて、流行しはじめるまで、妙に秘儀的な紹介をされていたので、さっぱりなじまなかったために、別の言い方で言わざるを得なかったわけです。宮川淳にとってみると――彼は自分の関心を手法論に引っ掛けて展開したのだと思うけれども――手法論は同時に引用の論理でもある、そして、手法論は機械をイメージしている、と。それはその後の言い方で言えば、欲望機械。

多木――ドゥルーズの概念ですね。

磯崎――手法論は、この機械のつくり方を指示しているのだ、と解釈してくれている。すなわち、ハイデッガーの言う「テクネー」が、結局のところ全体とのきっかけをつくる概念であったとすれば、手法論で言おうとしていることは、テクネーから逃れていく方法として組み立てられている。僕は普遍化できない単独性に閉じ込めるということを考えていたので、その部分をそういうふうに読んでくれたわけです。

しかし、僕には、手法論がディコンストラクションだなどということは、結局七〇年代にはわからなかった。八〇年代になってディコンストラクションの話が一般化し、本を読む過程で宮川さんがそういうふうに言ってくれていたということがはじめてわかった。そういうものわかりの悪さがあるわけです。

彼は、七〇年前後に、ポスト構造主義の核心に当たる部分を、かなり正確に日本に伝えようとしていた人なんだと思います。

多木――唯一の人だったたですね。僕もそういう問題ははっきりしていなかった。

ロシア・フォルマリズムの影響

多木――その当時のことをたどってみると、ちょうど七〇年のはじめごろから日本でロシア・フォルマリズムの再評価が起こってきた。ロシア・フォルマリズム論集の翻訳が出たのは、七〇年から七一年ぐらいです。ヤコブソンも同じ頃です。これがかなり大きな影響を与えた。

磯崎――僕も、手法というとき、そのなかにはシクロフスキーの文章などが、妙な具合に入っていたわけです。

多木――そのときは、僕はフォルマリズムを全体としてとらえ直す方法がよくわからなかった。ところが、よくよく考えてみると、ロシア・フォルマリズムといってもいろいろな人がいるのですが、一〇年代にオポヤーズができてから、ヤコブソンが二〇年にロシアを離れるまで、その間の時期が、フォルマリズムは本当の意味でのアバンギャルドだったんですね。そのアバンギャルディスムは、ある意味で社会性をもっていた。というよりも、対抗的文化の一つだったわけです。対抗的文化というのは、モダニズムの一つの特徴ですし、アバンギャルディスムも、モダニズムの一つの特徴です。

ところが、ちょうどそのころ、磯崎さんのなかでは、いろいろな事件もあったので、さっきおっしゃったように、社会の問題から建築の単独性を切り離してやろうと考えられていたと思うんです。

磯崎――それは理論の問題というよりは戦略でした。いまから思えばそう思います。

多木――非常に強かったと思います。社会の問題を射程に入れると当然意味内容の問題になる。それは切り落とす、ということを磯崎さんは非常に強くその時分にもったと思います。

磯崎――そうですね。

多木――ということは、フォルマリズムは共時性と通時性の両方の軸をなんかの形で統合しようとしてきた――その点でソシュールと決定的に違っている――けれども、磯崎さんはむしろどちらかというと共時性の側で問題をとらえようとした。

磯崎――そうです。

多木――そこらへんに手法論が、むしろフォルマリズムのなかからマニエリスムに通ずる側面だけ取り上げるという、後退といえば後退したと見える面もあったわけです。

僕はそのときもなおかつ「建築の建築性」という問題の側では、それを支持したし、なにしろ、思いもかけない詩的言語の研究が、一時にあらわれ、それについてものすごく関心をもったのですが、その後、考えてみると、あのときに社会性を切り落としたということは、一体どういうことだったのか。さっきの「生きられた」ということと、「建築の建築性」という問題とのあいだの越えがたい溝を戦略的に利用するということはわかるのですが、建築における社会性の切断は、建築にとって致命的な問題でもある。それは純粋な芸術の場合とはまったく違うわけですからね。そういうことが磯崎さんに対していつでも残ってきた問題だったわけです。

ところが磯崎さんは、そうは言いながら現実的には建築のパブリックな性格を追求していて、プライベートな建築にあまり興味をもたないですね。いくつかやっていらっしゃるけれども、全力投球しているという感じじゃない。

磯崎——ほとんどパブリックです。

多木——そのあいだの関係が一体どうなっていたんだろうということが、七五、六年ぐらいから一つの疑問としてつねに残ってきている。

建築家と批評家の違い

磯崎――それは戦略といえば戦略であって、最後にこれが政治性をもういっぺんもって、その揚句に出てくるのが、〈つくばセンタービル〉のときです。これにはそれからあと、一〇年近くかかるわけです。その間、回り道をしています。そのときの理由は、これほど明瞭じゃなかったけど、おおよそこういう解釈をしていたんです。

いたんです。

すなわち、建築を社会的に成立させている要素はすべて、制度化したコンテクストに支えられている。設計者が厚みのない線や面を想いえがいても、重力場におかれ物質化する限りにおいて、重量や厚みや素材感が立ち現われざるをえない。しかも、垂直の面は壁とよばれ、線は柱になる。水平の面は床や天井とよばれる。抽象化した形態が、不可避的に慣用的に名称化されてしまう。それは言語の属性でもありますが、具体的な建築の構成要素はすべて社会性をもったコンテクストに組み込まれざるをえません。それと同じレベルで、用途や装飾やシンボルといった意味を付随させてしまう。つまり建築の構成要素そのものはふるい落としきれないテンションのようなものを抱え込んでいる。このテンションをどこまで剝ぎ取れるかという論理的課題を自らに課そうとしたのですが、それは、別のレベルで言うと、ミニマリズムの問題として僕のなかでは重なっているわけです。

ここでいうミニマリズムは、すべてのコンテクストをどこまでも剝ぎ取ってしまって、それで最後にある単純な一つのものとか、ものとものとの関係が芸術を問い掛け得るか、そのギリギリのところまで裸にすることで、ある種の還元主義ともいえます。後に〝還元〟と名づけたシルクスクリーンのシリーズをつくることにしたのも、いっさいのコンテクストから離れて、建築の形式だけを可視化したい、と考えたからです。これをものから行為から言語に至るまで横っ飛びに対比するとコンセプチュアル・アートになっていく。それも同じ思考でした。

僕自身は、建築をそこの部分まで裸にしないといけない、と考えていたことは確かです。それがさきほどの機械として成立させる物質的な構成システムであり、そういう考えが手法論の要素としてあったわけです。それ以上に広げる必要はない、要するに僕が建築をつくるということは、社会的、歴史的要素、コンテクストを一切切断した揚句でも、最低限のところで建築とつながるという部分があるのではなかろうか。その探索の手段であるというふうに思ったわけです。ですからあえて社会性、有用性を排除するという方向に、ロジックとして、行ってしまった。

ところが、建築というのは、おっしゃるようにパブリックなものだし、社会的な存在です。かりにプライベートなものであっても、実際に使われます。いかんせんどうしても社会性は発生するわけです。確かあのころ、「政治的言語とマニエラ」という文章を書いたことがあるのですが、建築が社会的に事件として成立する。それがすなわち政治的な言語となり、レトリックでもある。そういうふうに裸にされてきた建築はたえず、他者と衝突する。そこで事件が起こる。それが建築における政治です。そのときに有効であるか否かということで、政治的言語としての建築の意味が問われる。しかし、それは結果であって目標ではない。そういうような組み立てをしていたように、いまでは思うんです。

多木——たぶんそこが創作家である磯崎さんと、言語を使ってなにかしなければならない批評家の立場の相違だと思うんです。「政治」は結果というよりダイナミズムの比喩です。

七〇年代のはじめごろから、少しずつはっきりしてきたのは、歴史という概念が重要だということなんです。それまでは歴史なんてあまり念頭になかったわけです。もちろん、「建築の建築性」を論じるときは、レファランスとしての歴史はあるけれども、歴史そのものはないし、自分が歴史的存在であるということは、あまり認識しなくてもよかった。

ところが、記号論的視野をポエティックとレトリックに分節して、関連はするが別々のものと考えていったとき、ポエティックはつくること、ポイエーシスについての理論ですね。アリストテレスの場合だとミメーシスが、実はポイエーシスだということがある。ところがレトリックというのは、曖昧でよくわからない世界全体をそのままとらえる論理であるわけです。それを極限化して、文彩論になってきたのは、それからあとの時代です。その揚句、レトリックは一九世紀に死滅する。いま再びレトリックが復活してきていますが、まだ文彩論の域を出ていない。

僕が考えているレトリックとは、言語としての社会、言語としての政治をとらえる論理のことです。そんなことが漠然とわかってきたときに「歴史」が登場してきた。

歴史を考えていくと——それがいまの仕事に全部つながってくるのですが——人間が気がつかない部分がめちゃくちゃに多いことがわかります。歴史は記述されたり、史料が残っているけれども、隙間がいっぱいある。人間の経験の全体性は、それとは違うかもしれない。なんとかして人間の経験の全体をとらえる方法が求められないかということが、僕の潜在的な衝動でした。

そしてさらに、その経験の全体性のなかに、芸術が登場してくる一種の潜在力はあるのじゃないか。学問が数えあげていくようなもののなかにではなく、出来事の連鎖でもない、なにかが歴史のなかに無意識として広がっていて、芸術をつくり出していく契機は、むしろそういう潜在力をどうやって形象化するかという問題ではないか、ということが、だんだんはっきりしてきたのです。

たぶん、いまから考えればそういうところに立って、生きられた家を考え、「建築の建築性」を考えていたような気がしているわけです。

磯崎——それはユングとは関係ありますか。

多木——途中ではある程度ユングと関係があるのかなと思ったのですが、ほとんど関係ないです。ユングというのは、アーキタイプに戻りますから。

磯崎――そうですが、戻る部分に関しては一番ユング的ですね。ユング自身が歴史のなかにある無意識が潜在化するという考えをもっているわけですから。

多木――ユングのアーキタイプというのは、僕も一時盛んに使ったことがあるけれども、どうもそれとも違う。ユングには歴史とか社会とかを感じません。レトリックとポエティックがどうからんでいるかというのがそれ以来の僕の課題です。

非社会性の試み

多木――いま問題にしている七〇年代前半の問題で言うと、僕が磯崎さんの建築に一番共感したのは、その時代ですが、磯崎さんの手法とおっしゃったなかで、例えば〈群馬県立近代美術館〉の場合を取り上げてみると、あらゆるところにキューブが貫通しているわけですね。それは、手法にはちがいないけれども、そこには手法という概念を越えたものがあるんじゃないか。それがポエティックの次元ではないかと思います。

例えば、ソシュールの考えたアナグラムみたいに気がつかないような状態に埋め込まれていたものが、浮上してきて意味をもつという現象がある。それと同じようなことを、僕はあのキューブの使い方のなかに感じていた。キューブ自体は謎めいているわけではありませんから、アナグラムというい方は妥当ではないかもしれません。そんなことを言ってもだれも関心をもたないし、興味をもたれなかったけれども、いまから振り返ってみると、芸術の世界を構成しているものとしての一種の比喩の手法が、〈群馬〉のなかでは、そして北九州の図書館でも〈富士見カントリークラブ〉でも、登場してきている。

磯崎さんの手法を分解すると二つの方法があります。その一つは、非常に大きな構成法で、それによって「建築の建築性」を押えている。もう一つは比喩のレベル。この比喩のレベルは、むしろ人に本当に建築が詩的であるということを伝える要素として機能している。僕はこの二重のレベルを分析したわけですね。

磯崎――それはよく覚えています。

多木――そのときに、話が元へ戻りますが、なぜその問題がマニエリスムになって、いま進行している文化を前に進めるポエティックではなかったのか。それが一つの疑問として残ってきたし、いまでもちょっと残っています。

磯崎――いま指摘されたことはよくわかるというよりか、僕はそのとおりにやっていたと思うんです。僕にとってのあのときの一番の関心事は、ネガティブな言い方になりますが、日本という国家の姿、あるいは日本という社会の仕組みということでした。自分がそこに所属しているという所属感が、僕にはもともと希薄だったし、だから天皇の問題も希薄にしか見えていなかった部分がある。その所属感がどんどん薄れていった時期です。ということは、ある意味でいうと、僕は、いま生きている日本という社会に対して関係をもたないというような格好で、ますます行くのではないか、ということです。これは説明がつかないのですが、六〇年代の反社会性じゃない、むしろ非社会性です。この点がマニエリスムへの関心ともかかわるのです。否応なしに頭ごなしに信じさせられていた近代的なものが、崩壊したと感じたし、だから、進歩のあげくの未来とか、希望とかいった期待感を消し去ることを具体的な仕事として方法化しなければならないと思っていました。それを、まずは手法論を呈示する身振りとして示そうとしたのです。

言いかえると、建築家として信じるべき国家、社会、都市を、僕のなかにコンテクストとして入り込ませない。だけれども、立っている場所、出てくるお金、これを支える制度、そういうものが現実にあることは知っていた。

それはまったく別な場所でつくられた建築を裸の場所に放り出すことによって、それが勝手に機械として周辺の諸々の条件と衝突すればいい。事件を起こせばいい。なにが起こるか。つまり、事件を整理し、組織し、方向づけるということを、もしちょっとでも考えたら、問題は全体化する。つまり、ある意味でいうと国家に収奪される。そのワナにはまり込むから、切ろう切ろうと思っていました。

それは六八年に受けた傷痕、とりわけ七〇年万博を通過したという僕の経験によるおそらく裏返しの姿勢だった。僕はそれを非常に意識していましたね。ただ知らなかったとか、方法に取り込めなかったのじゃなくて、違うのだということを言いたかった、ということは言えます。

それがいいか悪いかわからないが、仮にそこで建築家が都市計画をやったら、未来はどうだ、このプロジェクトの将来はどうか、そういう社会的な客観論としての説明をつねに強要されるわけです。それにいちいち付き合っていたら、関係のない相手に無理矢理関係づけられてしまう。そういうマイナスの作用しか起こらない。それぐらいの感じでしたね。もう少し弁解すれば、建築家が具体的に立ちあっている仕事のなかで社会などといえば、たちまち泥沼のような関係性のなかに引きこまれるのです。その背後に文化をすすめるポエティックスがあるといった理論構成が仮にあったとしても、そう簡単に、気軽にこれを信じたりしたら、やっぱり泥沼が待ちうけている。区別なんてしちゃいけないんです。

だけど、建築は快適性をもたねばならない。建築として力をもって伝わらないといけない。空間の緊張感がなきゃいけない。こういう具体的なレベルでの関係は、だれもが感じないと困る。そういうことは片一方ではあるけれども、それさえ主張すべきではないと思っていましたね。

僕は自分でも整理がつかなかったと思うんですが、その当時レクチュールということがよく言われていた。それにも関心をもった。僕の言うレクチュールとは、そういうふうにして生み出された機械としての建築を、他者がそれに介入して、意味や関係をつける。その介入の仕方がレクチュールだと思っていた。

だから極端にいうと、勝手にやってくれ、開放系にしておきます、という関係を取ろうとした。
それがいいか悪いかはわかりませんし、総体としての、つまりさっきの手法論の限界からすると、完結した理論にはなり得ない。それにもしかするとレクチユールという、他者の介入によって、惹起されるもの、いわば別のレベルの枠をいかに加えたらいいか。そういうことをかなり考えました。しかし、それを言っていると泥沼という気がしていました。

多木――ということは、レクチユールが入り込んだとき、ポイエーシスとしての作用が形をなくす。曖昧になる、というわけですか。

磯崎――そのときは、多木さんがやってくれればいい、ということですよ(笑)。

多木――一般的に、レクチユールが介入するということは、本来、芸術家がこうと思ってつくった作品の概念が崩れていくことですね。

磯崎――もちろん意味が変わっていきます。

多木――それに対するある種の抵抗感は……。

磯崎――全然なかった。極端にいうとどうでもいい。

多木――そうですか。

磯崎――好きか嫌いか、感じがいいか悪いか、どうでもいい。だけど、ある種の建築がもつ暴力性みたいなものを保持したいという気持ちはありました。

多木――それはありました。北九州の図書館でもそうだし、美術館でもそうだし、〈群馬〉でもそうだろうと思う。そしてスケールもよかったし、もっともうまくいったのは、おそらく〈群馬〉だったんだろうという気がする。

磯崎――そうですね。暴力性、という点では、当時、ほとんどの人が反撥し、アグリイだといわれた〈北九州市立美術館〉が、ただひとつ、いまだに力を保持できているように僕にはみえます。

引用とは何か?

多木――レクチユールに対する拒否ないしは無関心は、それとしてわかりますが、そのあいだにも磯崎さんはいろいろな方法を模索したわけですね。インターテクスチユアリティということもその一つですね。

磯崎――インターテクスチユアリティの問題は、結局、〈つくばセンタービル〉に集約されてくるわけですが、それは七〇年代後半のことです。しかし、そのインターテクスチユアリティの問題に引きずり込まれたのは、宮川淳さんからです。

多木――そうですね。

磯崎――だから引用の建築という呼び方をしはじめた。その手法論を宮川淳さんがディコンストラクションだと解釈して、そのもう一つ別な側面でのテクストとインターテクスチュアリティとの関係の問題に彼は関心を引きずっていた。僕はそれにくっついていった。それで出てきたのが〈つくばセンタービル〉の仕事です。

多木――そうですか。でも、もうすでに〈富士見カントリークラブ〉のときにヴォールトを使われたことと、窓の形など、ある意味で引用だったわけですね。

磯崎――引用の要素はありました。だけど、あれは一つの明快で硬質な機械というような感じでつくろうとしたわけです。建築というのは一つじゃ収まらないから、補塡しないといけない。その仕事をやっている過程で、歴史的な参照ということが浮かび上がってきた。ここで、西欧の建築家と、僕のように、日本だけで教育された建築家の歴史的参照に対する姿勢のちがいをはっきりしておく必要があります。少なくとも、僕は、丹下健三さんが戦前から戦後(六〇年代)にかけて、近代の超克、ともいうべき、近代建築の日本化という一連の仕事をすすめるなかで教育されたわけですが、六〇年代のはじめに、西欧の歴史的な遭遇する経験を経て、建築的思考を開始したわけです。いっぽうで、西欧の建築家たちは、この歴史的建築と建築の重圧からのがれるために、近代建築をつくりあげた。だから、僕らが、いわゆる日本的なものに反撥するみたいに、西欧の歴史的建築物にアレルギーを感じている。そのサイクルのちがいが、インターテクスチュアリティの具体的なあつかいのちがいにもなってきます。

七五、六年だと思うんですが、僕はヨーロッパのシンポジウムで講演させられました。そのときにかなり攻撃されて、批判されたんです。どういうことかというと、その時期に僕のつくった作品が歴史的なレファランスがどうなっているかというのを、強引に見せたわけです。つまりスライドを左右に二つ並べて片方で僕の仕事、もういっぽうで主として、西欧の歴史的建築の参照源を映した。北九州の美術館の計画案を日本で発表したときにもちろんやっていたんですが、それを徹底した。

ところが、レトロだ、後ろ向きの参照だということで、こっぴどく批判されました。そのとき僕は、まちがっているとは思わなかった。インターテクスチュアリティの問題だと思いながら編成したレポートだったわけですから。たとえば、外国の建築家が日本の歴史的建築を自分の仕事の参照源にして僕らの目の前で説明すると、正確であればあるほど、かえってまゆつばものだ、と思うでしょう。それと、同じ反応です。だけど、僕の仕事を彼らが認めてくれるのは、西欧的建築を成立させている何ものかを共有し、同根のものとしてつくられていることを直観的にみつけているからでもあるんです。しかし、そのときはそう思ってくれなかった。そのうちにポスト・モダニズムの議論が出てきて、ヨーロッパもそちらのほうに行きました。本当にポスト・モダニズムの「はしり」といってよいぐらいでした。

手法論を書いたときは、テクストの問題が僕自身にはまったくわかってなかったですね。むしろ手法論を一通りやった後にわかってきた。僕にとってみると次のステップという感じでした。

多木——インターテクスチュアリティというのは、一つは近代の思考に対する批判という意味がありましたね。近代建築だとゼロからはじめられる。それに対して、むしろあらゆるテクストは関連しあっている、という主張ですね。ところがこうした相互連関があってはじめて、建築の自立性、「建築の建築性」ということにつながっていたわけでしょう。

磯崎——そうですね。

多木——要するに建築は人間の、さっき僕が言ったような経験の全体をおおうものではない。そこに一つのデカラージュ、ずれがある。そのずれは、実を言うと、一つは建築はすべてのことをできるのじゃないという限界をもつということであると同時に、他方でそのずれがあるから建築の自立性が可能だということでもある。その二つの側面が同時にあったわけですね。

ところが、二〇年代のアバンギャルドたちの場合には、人間の経験全体は建築で押えられる。極端な場合は、ヒルベルザイマーの都市計画みたいに、都市全部が均質な目的機能をもったものであがってしまう。それに対して人間と建築のデカラージュ、ずれを自覚しはじめるのは、七〇年代ぐらいになってからです。例えば丹下さんのなかにはその自覚がなかったでしょう。

磯崎——ないですね。

多木——メタボリズムのなかにもなかった。

磯崎――僕にとっては、それがモダニズムの単一普遍性の原理の根源のように見えていた。それに対してどうやって異を唱えられるか、という戦略を立てねばならない。そういうロジックだったと思います。

メタファとメトニミー

多木――そこでもう一回元へ戻りますが、宮川さんが一種の欲望の機械だといったことは、ある程度わかるのですが、磯崎さんはそれをどのように受け止めていましたか。

磯崎――僕にはそういう考えがなかったんです。あったのは、無限に反復すること。それから同じ経緯を、前後のコンテクストにかまわずに割り切ることとか、いまから考えれば、それはものを成立させるエシックだと思います。エシックを手法と称していた部分があった。そのエシックが生み出す違和感を極端に、いわば自閉的な経緯で成立させるといってもいいかもしれない。

そうすると自閉した一つのシステムが機械のように見える。「それは機械ではないか」と宮川さんが僕に言い、僕は「そうか、そう見えるのか」と思った記憶があります。それからときどき機械という言葉を言い出した。だけど、例えばアルド・ロッシが言う装置《アパラタス》とか、その後にはやってきた仕掛けなどというメタファとは全然違うわけです。むしろそれはシステムだったと思うんです。

多木――機械というメタファは、近代建築のなかでさんざん使われた。むしろそれが一番有用なメタファであったと思うのです。

僕がなぜそういう質問をしたかというと、私は磯崎さんについて、さっきの構成のレベルと比喩のレベルと分けましたが、比喩のレベルで、メタファを非常に重視しておられた。私はどちらかというとメトニミーに関心をもっていた。

なぜメトニミーに関心があったかというと、メタファは、その場で、つまり類比によって置き換えられるけど、メトニミーはむしろ無限に展開するというか、飛躍してつながっていく。そういう比喩を指すわけですから、生成の思想は、メトニミーのほうに主眼を置いている。

磯崎――横すべりする。

多木――ずれていく。僕はドゥルーズの機械という概念は、メタファの理論によっているのではなく、メトニミーのほうに近いと思う。

磯崎――そうだと思います。

多木――宮川さんが言ったときには、あまりメトニミックの感じがなかった。

磯崎――さきほどの「手法論の余白に」に戻りますが、ここで宮川淳さんは、Ⅰ引用、Ⅱ機械、Ⅲロゴテジスという三つの章立てにしています。そこで引用を、ドゥルーズの「斜線」、「隣接性」という概念に結びつけているのですが、それがすなわちメトニミーだと思います。そのあげくに、自然言語と対立する別種の言語体系としてのロゴテジスの成立、を期待しているのです。それに対して、僕がメタファに関心を持ったのは、ルドゥのいう、「語る建築」という意味創出過程のメカニズムに魅力を感じていたために、「機械」としての手法を補完する作用をさせうるかなと思ったためです。だから僕のほうの受け取り方の問題かもしれない。

多木——それは実際にはわかります。わかったうえで言うのですが、機械という概念がドゥルーズのなかに出てくるのは、ある建築、あるもの、についてというよりは、人間の世界全体の問題としてです。それを欲望機械と称している。そこで働いている論理は、逆にメトニミックな論理です。

磯崎——そのとおりです。

多木——それが建築には入らないということですか。

磯崎——入らないというより、それを受け取ったら自分自身のなかで解体するわけです。横すべりして全然設計にならないという感じですね。

多木——例えば、いまの若い世代の建築家たち、例えば、伊東豊雄さんや坂本一成さんたちは、そのへんがまだ曖昧だけれども、どっちかというと、なんとかしてメトニミックな論理が入らないだろうかと模索しているようにも見えます。彼らはあまりメタフォリカルではないと思うんです。

磯崎——メタフォリカルではありませんね。

多木——そうすると今度は、磯崎さんが——あるいはもっと極端に言えば篠原一男さんですが——もっていたような建築の完結性がだんだん薄れてくる。その建築の完結性の希薄化、解体化ということについて、この時代を顧みてどうお考えですか。

磯崎——例えば、メタファがまずくつくられているなあと思う場合がたくさんある。一見、多木さんがおっしゃるように形は拡散状態でつくろうとしていて、今風だと見えているけれども、実は僕から見ると幼稚なメタファの集積をしているだけにすぎない、それ以上のものはなにも出てこない、そういうレベルのものが多いわけです。それはいまのわれわれが抱えている割と深刻な問題の一つです。〝デコン〟(ディコンストラクション)風と称して東京に建っている数多くのインテリア、小型の建築は全部それです。

これは僕にとってみると由々しき問題で、これがポスト・モダンで、これがデコンだというようなレベルのことじゃない、ベーシックな問題として欠陥があると思っています。それはファッションとして非完結性、トレンドとしてのルーズな結合とか、この手の思い込みで、九五%はそこでやっているのじゃないか。

多木——それは僕も同意します。

磯崎——これはしょうがないと思っているんです。しょうがないというよりも、この方向に付き合っていたらアウトだなという印象をもっています。

そうすると、あとどうするかということになりますが、僕にしてみると、建築には、ある種の完結性は必要だと思っています。もしかすると、リオタールの言う「サブライム」(崇高さ)も、あり得るのではないかと片一方では思っています、多木さんは反対するかもしれないけども。

その両方が並列するとき、建築と都市の区別――建築にとって都市は他者、外部であって、都市から見れば、建築はまた外部です――がどこかでメロメロに崩れる境界線があるだろう。建築のスケールアップ、巨大建築、それから広がりがやたらと出てきている、といったシチュエーションがあるからなんとも言い切れませんが、そういう領域のなかから、いま言ったような「サブライム」も含めて、なにか起こっているんじゃないか、といまは思っています。

古典主義とスパコン都市

多木――僕はサブライム論と完結性とは別のことだと思っていますが、この議論に入ると先にいってしまうので、次の機会にしましょう。きょうの議論の範囲で言うと、磯崎さんは建築の古典主義的概念を重要視されている。その古典主義が、実際にはなかなかつかみがたいし、古典主義概念そのものがどこでどうやってできたのかもなかなかはっきりしないわけです。というのは、ルネッサンス建築、あるいはギリシャ建築が古典主義だと言われるわけですが、古典主義という概念もある意味では啓蒙以降の時代にはっきりしてきたものではないかという気がするんです。そして、「建築の建築性」ということが意識されたとき、ルドゥとかブレーのあたりで(新)古典主義の概念ができあがっている。まちがっているかもしれないが、そういう感じがする。

もう一つは、古典主義の概念とおっしゃっているとき、それはエフェメラルなものではないということをおっしゃっているのだと思いますよ。エフェメラルなものでないものというのは、例えばメタボリズムの人たちがもっていた都市全体を設計するグランドデザインのようなものではなく、なにか一つの新しい別の力がもし登場してきているとすれば、一体これはなんだろうかということですね。古典主義の概念とその問題は、一つの問題なのか、あるいは全然別個の問題なのか。

古典主義というのは、非常にエステティックな問題だけれども、片一方で、エフェメラルなものではない。ひょっとすると、もっと社会的なものかもしれない。端的に言うと、文化のエクリチュールみたいなものかもしれないという気がしている。磯崎さんが〈群馬〉〈北九州〉〈富士見〉などでやられた当時は、古典主義とおっしゃっていなかったと思うんですが。

磯崎――必ずしもね。

多木――僕は結局よくわからないんですが、建築が建築であるということと古典主義とは関係があるのか、関係をもたせようという意図なのかが、はっきりしていません。生まれたり消えたりしていくようなものではない、なにかを建築に与えているのは一体なんだろうか。さっきの生きられた家の問題なんかはそれに比べるとまだわかりやすいことですね。たとえばル・コルビュジエの場合、パルテノンだけでなくただの民家にも「建築」を感じていた。それと同じ問題なのか、違う問題なのか、解けないままずっときてしまった。

ときには生まれたり消えたりするような、伊東豊雄さんがある時期、そういうことを盛んに言っていて、「ノマド」という形で問題を出してきていたけれども、それが建築なのか建築でないのか。「ノマド」とか言っても、彼自身はどこかで建築の建築たる性格をもっている。それがなにか、よくわからないし、建築と建築でないもののあいだの分節が、変化しているのかもしれない。

磯崎——きょうの話の七〇年代前半という時期に、手法論をやっていたほかに、僕は〈コンピュータ・エイディッド・シティ〉というプロジェクトをやっていました。それはまったく空想的なものです。そのときに考えていたんですが、一方で社会性を全部断ち切ろうということを実際に仕事でやっていたけれど、今度はそうじゃなくて、有効な都市的、建築的概念を組み立てれば、これが攻撃的に社会に対して力を加え得るのではないかという、逆の僕なりの意図があったわけです。

どういうことを考えたかというと、いま市役所、美術館、スーパーマーケット、スポーツジムなどは、全部コンピュータをもっています。これは一七、八年前の構想ですから、現在よりプリミティブなものですが、なぜコンピュータがバラバラにあるか。その当時、唯一考えられたことは、もし超大型コンピュータができれば、バラバラなものをサテライト化、オンライン化してつなぐことが可能になる。

つまり市役所にしても美術館にしても病院にしても、それらはすべて社会的なインスティテューションです。このインスティテューションがいつ社会的に発生したか。一番最初に患者と医者がいた。最初に先生と子供がいた。最初に登録するテーブルがあった。そういう単純なレベルの出発点だった。それを現在ではコンピュータが代行しはじめている。

そうすると、病院というものは、それらの機能集積が広がっていった結果病院の格好をしているにすぎない。市役所も同じプロセスを経て市役所になり、美術館も美術館という制度になった。そして、それぞれ別の箱にそれを収めている。この箱という輪郭が、コンピュータを連結させることによって消えるだろう。ということは、すべてのそれだけのものが、ワンパックとして都市のなかに分散配置して、オフィス・ランドスケープみたいな状態になっているものが考えられる。それをコンピュータがつくりあげるはずであろうと考えた。それで長さ一マイルの棒の二本からなる都市をつくったことがあるんです。

そのときに考えていたことは、超スパコンが都市の脳になるということですね。いまでは、そういう古いコンセプトをしょうがなしにもっていたと自己批判しているのですが、それはアーサー・クラークのSFからきている。彼の小説では、全部中央にコンピュータがあります。宇宙船にしても都市も同型です。

僕もそれに基づいて、過去のインスティテューションを全部崩す、そういう仮説に基づく作業をやってみたらということを思った。

だけど、いまになってみると、それを引っくり返した、おそらく超大型コンピュータのないネットワーク都市のようなものがむしろ、ありうるのではないか。そのほうがすべてのインスティテューションを崩していくかも知れない。そういう事態を組み立てないといけなかったと思うんです。社会的制度を全面的に解体する、というのは現実には夢想にすぎませんが、作業仮説としては常に持っているべきだと思っています。ただこの〈コンピュータ・エイデッド・シティ計画〉(一九七二年)は空想的で無視されてしまいましたが、そのある部分は現実の都市に姿を変えて出現しつつあると僕は思っています。

だからインスティテューションも解体したいし、さっきの古典主義の場合もそうですが、建築を構成して建築たらしめている構成要素一個一個に付随したテンションもふるい落としたい。全部裸にすることばかりを考えていたことは確かです。

多木——そういう大きな、可視的ではないけれども、枠組みはどこかにあるのではないか。

磯崎——もうちょっと大きい枠組みですね。

多木——ええ。それと古典主義と言われてきたことの関係ですね。そのあいだの関係がどうなっているのか。

形式から脱形式へ

磯崎――僕も整理がつかないところがあるのですが、建築をロジックとして建築たらしめているものという、そういう問いかけが一つできますね。それと同時に建築をいつ感じるか。これは「生きられた家」でもそうかもしれないが、むしろ逆に建築をいつ感じるのかという言い方もあり得る。

強引すぎる言い方になりますが建築を感じさせるのは、形式だろうと思うんです。建築の形式という部分。装飾、細部、枠がはずれているとか広いとか、またそういうもの以外に、レトリックの問題もからんでいます。そういう形式のもっている力が、どうにも消しきれずに残存します。それを一番明瞭に組み立てたのが古典主義だという気がする。ですから古典主義は、いまだに避けて通れない気がするんです。その起源についてては即答はできないですが。

多木――そういう形式は、ある意味で建築がもつ力に関係するわけでしょう。建築を建築として感じるというのは力として感じるわけですね。

磯崎――そうです。

多木――建築を力として感じさせないような、下手にメタファを使っている場合も形式は考えているわけですよ。

磯崎——いちおうね。おもちゃみたいですね。

多木——それに反して、たとえばスーパースタジオは形式の消滅ということを考えていた。脱形式に向う建築というのは、ただのかけ声だけではなく、あり得るのかどうかという問題ですね。僕自身も、形式のある建築以外は論じてこなかったわけですが、脱形式の建築は本当にあるのかどうか。あるいはそういうことをどこかで考えている建築家がいるのかどうか。

磯崎——スーパースタジオの場合は、「洪水の建築」と僕は呼んでいるので、それでは、メタファになってしまいますが、もともとフィレンツェの洪水を体験した連中が、突然既存の都市のなかにものすごい構造体を目に浮かべる、ということでしょう。そうはいってもあのなかに入ってしまえば、無限連続という形式がそのなかにあると思うんです。これが圧倒的に迫ってくるということになるのじゃないか。

多木——あれも形式です。

磯崎——分節のあるものを形式とみるか。分節なしでも内在する形式はあるのか。そういう問題じゃないですか。

多木——それも確かにそうだと思います。

磯崎——目ということだけを考えれば、分節がないとつかまらない。だけど、さまざまな手段を介して、目以外のレベルで形式は、僕らの感覚のなかに入り込み得るのじゃないかという気がする。とくにコンピュータ・メディアとかね。

多木——テクノロジーの場合はそうですね。

磯崎——そうなってきたら、あれも形式と言えるのではないですか。

多木——ただ、僕が建築を見て、分析したり、考えたりすることは、形式を巡ってしかやってこなかった。形式をいかに理解し、形式のなかになにがひそんでいるかを見出す。そういうことしかやってこなかったのですが、脱形式というか、磯崎さんがやってこられたことの裏側を考えてみると、脱形式というのがいいかどうかは別として、もう一つ別のパラダイムが浮かびあがってくるような気もしています。

古典主義とポストモダニズム

――「間」展から〈つくば〉へ

再びなぜ「古典主義」か

磯崎——先回、多木さんが古典主義の問題を出されたのですが、僕はそれにちゃんと答えないままに、ちょうどそのとき言っておかなきゃいけないと思ったものですから、〈コンピュータ・エイデッド・シティ〉の話に移してしまって、両方とも十分に議論できない結果になってしまいました。今回はわれわれにとって古典主義はどういう意味をもつのか、というところからはじめたいと思います。

前回の対談で多木さんが、古典主義は、啓蒙主義のころから起こってきたのじゃないかと言われていますが、その点は重要なことだと思うんです。つまり、一八世紀の半ばから終わりぐらいにかけて、いわゆる古典主義的建築——古典主義言語といってもいい——が、大きな危機に実際には陥ってきたんじゃないかと僕は考えています。

例えば建築における古典主義言語は、ルネッサンスからはじまってバロックまでずっと連続的に展開しています。はじめてルネッサンス建築論を書いたブルックハルトは、ルネッサンスの中にバロックまでのものを入れていますね。その後にヴェルフリンたちがもっと区分けしていって、バロックがとりだされ、マニエリスムがはさみこまれてくる。でも最初は一つかみでした。それには理由があったと思うんです。結論的に言うとそれまでは、《建築》——つまり大文字の建築——と古典主義言語による建築とが同義であった。ところが、バロックの末期になるとこの関係に亀裂がはいります。いわば危機がおとずれたわけです。そして今度は、《建築》を生き延びさせるためには、外側から新しいコンセプトを注入しなければならなくなった。それは、啓蒙主義が世界を分析的に再編成していく過程とパラレルだと思うんです。

そのきっかけは、ロジェ神父の「原始の小屋」への裸の還元、エドマンド・バークの「崇高」への美意識の強制的拡張、英国庭園での「ピクチャレスク」、ルソーに見られる「自然」の概念などにみいだすことができます。さらにルドゥ、ブレなんかがやりはじめた「幾何学的形式」の露出と、そのスケールアップによる宇宙的神学への接近などもその一環です。こういう動きが一八世紀の後半に一挙に出てきます。

これを一まとめで考えれば、《建築》と実物としての古典主義言語の建築という緊密な連続性をもった関係にずれが生じてきた。それに対して新しいプロブレマティックを注入することによって、はじめて《建築》がなりたち、生き延びることができる。そういうパターンが一八世紀の後半に起こったのじゃないか。

そこで古典主義は、極端に言うと、プロブレマティックの一つに過ぎなくなる。例えばゴシックも古典主義と同格ではないか、テクノロジーも同格ではないか。それを押し詰めていく過程が、過去二〇〇年続いているのではないかという気がするんです。古典主義言語が《建築》の全部を支え切れなくなったことが重要です。けれどもかつては一致していたわけです。そして、この記憶がいつまでもつきまとう。そういう時代へと移行してしまった。

その傾向がさらに進むと、大体このプロブレマティックを提出できる人が建築家とか芸術家とよばれ、言わない人は職人になる。ただつくればいい。あるはやりのスタイルをこなせばいい、というわけです。いまの商業主義的な建築家はその系列に属すと言えるでしょう。繰り返しになりますが、古典主義的建築言語だけでは《建築》を支え切れなくなったというかなりしんどい状態が発生したがゆえに、それを始末しなきゃいけない。その始末をする使命が与えられてしまった人が、芸術家とか建築家です。そういう逆転した仕組みになったのじゃないかという気がするんです。

いまだに古典主義は使い得る有用な一つの言語体系であるし、一番豊富な言語です。だが何の疑いももたずにこれを使用しても、自動的に《建築》と接続できるとはいえなくなった。魅力はあるが扱いにくいものになったわけです。それでいておかしなことに《建築》は、問うと立ちあらわれるけれど、問わないとなくてもいい。商業主義的にやる人は大文字の《建築》なんか考えなくていい。その人には問題がないからです。

多木――このあいだ僕が古典主義の問題を出したのは、対談のコンテクストのなかで、建築が建築であるということと、建築ではないということをわれわれは本能的に分類している、そして建築が建築であるというとき、それが、いわゆる古典主義の問題とつながっているんじゃないかという疑問からだった。これはもしそうだったら、たとえば僕は建築に対して誤解をしてきたかもしれない。

〟建築的なるもの〟というのは実を言うと僕の意見ではなくて、ドイツのユリウス・ポゼナーが「シンケルの折衷主義と建築的なるもの」という論文で分析していることなのです。それは古典主義という言葉は使っていないけれども、〟建築的なるもの〟がいつ発生したかという議論をしています。

それが正当かどうかを、僕には充分語る資格はありませんが、議論としては面白い。彼が言うには、一八世紀までは様式があった。古典様式です。そこへわれわれがふつうバロックの建築家と考えているフィッシャー・フォン・エルラッハがエジプトから中国、バビロン、そして架空の建築まで含めて体系なしに世界の建築を集めて『歴史図集』を出した。それは一七二一年のことです。それが建築言語の伝統を破る大きな一つのきっかけになったと、ポゼナーはいうわけです。

これはどういうことかというと、様式の終わりを意味する。そのような事態が、一体どこへ受け継がれていくかというと、それがいま磯崎さんがおっしゃったルドゥ、ブレというような人たちですが、要素の選択の仕方や構成方法は人によって違う。例えばルドゥやブレは幾何学に依存しますし、ルクーの場合は、フィッシャー・フォン・エルラッハとほとんど同じような広範囲のエキゾティックなヴォキャブラリーを拾ってくる。

こうして建築を様式で考えることができなくなった代わりに、建築を組み立て、建築を建築たらしめる法則というものを発見した、それがシンケルだというわけです。だからシンケルは本質的に折衷主義であるけれども、同時に建築的なるものを発見した。組立てる法則をシンケルは建築的な永遠の法則と考えた、というわけです。

ポゼナーはそこのところで、それを永遠的なものと考えるのはまちがいだったとして、それも歴史的に変わる、といっています。シンケルがどうしてそういう過程をたどったかについては、イギリスへ行ってはじめて勃興期の近代工業に遭遇する。この経験が非常に大きかった。そしてプロシャへ帰ってプロシャという国家の枠の中で、一種の国家的目的に応じたタイプの建築をつくっていきながら、建築の構成方法を考え、構成のルールの確立を行なった。ポゼナーは、様式が終わったときに、〃建築的なるもの〃が誕生したという議論をしているわけです。

一八世紀の意味

多木——様式イコール建築という時代がずっと続いてきたが、様式が崩壊してきたときに、なお建築を持続させるための思考法——建築的なるものを構成する基礎——を発見することが迫られてきたというポゼナーの考えは、言いかえると、結局、〃建築的なるもの〃とは啓蒙の産物で、理性の秩序でもあれば、折衷の結果でもある。そういう時代が一八世紀の後半から一九世紀の頭にかけてあったということになります。

この議論は、説得的ではありますが、僕には歴史として妥当かどうか、よくわからない。というのは、フィッシャー・フォン・エルラッハの『歴史図集』が、どのくらい影響をもったかどうか、はかりかねるからです。それに現在も、シンケルが言う構成の法則を、もし〝建築の建築性〟と重ねているなら、ある意味で歴史性を見そこなうことになりますしね。ポゼナーも、建築の概念は歴史的に変わるものだと主張しています。

磯崎――説明の用語は違うけど、かなり似た事情が一八世紀に起こって、シンケルがけりをつけたということを言っているわけですね。

多木――そうですね。

磯崎――フィッシャー・フォン・エルラッハの本については、かなり影響力があったみたいだと思っています。というのは、ロジェ神父にしても、中国の建築というものが実際にはあるが、元はといえば、建築をきちんと考えたのはギリシャ人である、といった件《くだり》が本文のなかにあります。つまり彼は、ギリシャのことを言うために中国を知っているというふうに引き合いに出しています。

あの時期に明らかに中国についての知識があったと思うし、ちょっと下がりますが、一七四〇年代にウイリアム・チェンバーズが船乗りになって中国へ行った。そして中国のいろいろな建築のスケッチをして帰った。それで英国の王室の庭園であるロンドンのキュー・ガーデンに中国風のパゴダを設計する。シノワズリーが〝ピクチャレスク〟のなかにまで浸透していったわけです。一世代ずれていたとしても、近い時期ですから明らかに関係があると思われます。

なにしろ古典的建築がルネッサンス以来、その自動的なエヴォリューションだけで扱われてこられたものについて、後期のバロックの人であるフィッシャー・フォン・エルラッハは明らかにそれを相対化して見ちゃったわけですね。

例えば、〝ピクチャレスク〟ガーデンにしても一八世紀の前半に形成されたのですが、あれも建築を庭園の一部にしてしまえというということですから、建築が格下げされている。

多木――それは一七世紀と逆で、庭園が建築の一部であったことを逆転させた。

磯崎――そうです。同時期に廃墟趣味みたいなものもありましたが、それにはピラネージがかかわっていると思います。最近コーネル大学の出版局から「ペスタム」という神殿についてのシンポジウムの本が出ています。一八世紀末から一九世紀初頭にかけてのドリック・リバイバルについての研究です。僕らが知っているのは、ピラネージがそこへ行ってスケッチしたり、模型にして建築家がそれを収集したりしたということです。そういう神殿なんですが、あのペスタム神殿というのはルネッサンスの建築家が規範にしたヴィトルヴィウスの『建築十書』にでてくるよりももっと古いものですから、プロポーションがごつくて、奇々怪々な感じがします。つまりもっと古い建築があったという事実によって、原点であるヴィトルヴィウスがまず疑われ、そして彼に従っていたルネッサンス以降の建築史が全部疑われ始めることになった。

そこでロジェ神父が、これは〝還元〟の手法と呼んでいいと思いますが、要するに柱と梁と屋根しかいらないと言い切ってしまった。合理主義的に必要最小限の要素で構成すべきだと主張したわけですが、そのあげく、均衡と序列と比例で構成されていたルネッサンス以来のたおやかな美を超えておそろしい「崇高」にまで突き抜ける。同時にもっと古いものへの遡及みたいなことになり、エジプトへも調査隊が出かける。かなり大きいレベルの地殻変動によって建築に対する新しい姿勢というか、見方が起こったことは確かです。

多木――その地殻変動のもう一つの背景としては、一五世紀の終わりにアメリカがコロンブスにより発見され「新世界」がヨーロッパ人の視野に入ってきたことがある。この新旧世界の関係から生じる空間が、ヨーロッパ人の思考に浸みこんで、意識的、無意識的に大きな影響をもちはじめるのは、一八世紀になってからです。新大陸の発見によって大航海時代あるいは大旅行時代がはじまることは、ヨーロッパの思考に大きな影を落としているように思います。そう考えると、一八世紀の哲学を読む一つの方法として、旧世界と新世界のダイナミズムという大きな枠組みをあげてみることはできなくはないし、ある意味で、判らないところは空白にしておく地理学的な思考が、一八世紀の思想の背景にちょろちょろ見えると思うのです。おそらく、こうした思考があってはじめて、いままでヴィトルヴィウスの書き替えをずっと繰り返してきた建築概念も崩壊していくという、大きな無意識の変動が起こったのだと思います。

ところがいま話していることとの関係で重要なことは、そのなかで変化を受けいれつつ、建築を生き残らせようとしたということです。たぶん、それまで以上に建築に意識的になったような気がします。それがわれわれの感受性のなかにいまだに残っている。

磯崎——残っていますね。

多木——そこのところが問題なのです。それは一体何なのか。あるいは本当は啓蒙以後ももっと大きな歴史的変動を経験してきたはずなんじゃないか。どこかにわれわれにとっては〝アーキテクトニッシュ〟というものがあって、それによって無意識に判断している。それはアナクロニックなのかもしれない。それに対して、そんなものはないという考えがあるわけでしょう。

磯崎——単純な反撥のパターンですが、ありますね。

多木——建築的なものと建築が被らなければならなかった歴史的変動、あるいは建築家が生きなければならなかった歴史的、政治的、文化的なコンテクストがある。それらはどんな関係でもっているのかということを、現代の建築家は改めて問わなければならないところにいるわけですね。ポストモダンというのは、ただポストモダンという新しい様式をつくったことではなくて、それを問い直すことの問題＝プロブレマティックだったはずなんです。

磯崎——同感です。僕はそう思っていたつもりだし、思いたいと思っています。ところが、それが今度は

〝表層〟だとか、〝小さい物語〟とかいうようなレベルに話がずれていっている。《 》つきのメタ概念が歴史的にあまりに強大に作用しすぎて、付き合うのにくたびれちゃった。これを棚上げし、もういちど《 》でくくって、忘れてしまいたい。あわよくば消えてもらいたい、こんな気分がひろまって、その問題に対する問いかけがベーシックにあるんだという、そこの部分があまり議論されてこなかった。

「間」展のコンセプトとは?

多木——こうしたプロブレマティックと関連することなんだろうけれども、磯崎さんは七〇年代の終わりに「間」展というのをやられて日本の問題を展開した。この「間」展というのは、僕にはいまひとつよくわからないできたんです。昔、谷崎潤一郎に関してお書きになったことがあるし、ある意味で、絶えず数寄屋への関心もおありになったとは思うけれども、建築作品のうえではそういう気配はなかった。ところが「間」展は日本を主題にした。

「間」展の意味がよくわからないというより、たぶん懐疑的だったのだと思います。なぜかというとポストモダンとよばれた状況は、弛緩したような気分で、その空気のなかでむしろどっちかというと日本へ戻るということがふつうに起こっていたからです。磯崎さんが、一方で建築的なるものを依然としてもち続けながら、「間」展をやったことのあいだにどういう関係があるのか、それを聞きたいんです。

磯崎——「間」展は、非常に単純なコンセプトによって構成されています。つまり日本人がごく常識的にもっている感覚で、美意識、生活慣習いろいろなところに浸透している「間」というものがあります。僕がそれまで外国の連中とわずかながら付き合ってきた過程のなかで、彼らにとってこれが一番理解しにくいように思えたんです。それは空白だろうか、余白だろうか、空虚だろうか。だからブランク、ボイド、バキユームとか、ときには直訳的にインビトゥイーン、ディスタンスなどと翻訳されている。だけど、それらはどう見ても僕らが感じている「間」とは違うということだけは言える。これを外国人に見せるにはどうしたらいいか、と思ったんです。

それでいくつかの編成をしたわけですが、外国で結構受けたから日本にもって帰ってやったらどうかと言われた。だけど、僕は「やめてください、日本でやったらだめです」と逆に言ったんです。つまり日本人だとわかりきっている話を、そういうものと関係のなかった文化的なコンテクストの中にいる西欧に対して、日本のその部分を向こうの目に映してあげるのであって、それを日本へもって帰ってもしょうがない。それで日本ではやらなかったんです。

僕らは日本だけがもっている諸々の、伝統的な言葉とか感覚、生活習慣の他に、いわゆる近代化の過程において、ヨーロッパから入ってきたもの、あるいはヨーロッパへ行くことによって学んだものにとりまかれている。一種の二重性をもった文化のなかにいるために、そこに基本的に違うロジックが存在していることを知っている。だから日本のものを日本のロジックで説明しているかぎりにおいては、閉鎖系をうみだすだけであって、外国人には無関係で、なんにも伝わらない。西欧に伝えるためには、彼らのロジックに置き換える必要がある。

それですべてを解説したわけです。例えば、わび、さび、やみ、ひもろぎ、うつろひ、みちゆき、はしといった七つのコンセプトを考えた。これを日本人が読んだらよくわからないかもしれないけれども、彼らにはわかるだろうと思うような解説をつけた。そういうことなんです。

言葉だけでは当然無理ですから、現代美術の作品とか、パフォーマンスとか、もちろん古いものをかなり分解して要素として見せる。芸術表現の枠を崩して、コンセプトに準じて、並列しました。

その結果、思いがけずたくさんの観客がはいって展覧会は延長された。『ル・モンド』がこの展覧会について一ページをさいて取り上げた。それまですごく冷たかった日本大使館が、突然てのひらを返すみたいにパーティを開いてくれるといった余興もありました。

その後、パリなどではやるようになる日本の現代の芸術は、それをきっかけに出ていったものがたくさんあります。おかげで僕も、例えばロラン・バルト、ミシェル・フーコー、ジャック・デリダなどとは、この展覧会を見にきてくれたことで知り合いになりました。それぐらい向こうの人たちの関心をひいたわけです。

その理由は単純に、日本のロジックを使わなかったということにつきると考えています。例えば浮世絵についても当然含まれています。だが広重を広重として崇め奉って出したのではなく、みちゆきというコンセプトの単純な例として『五十三次』が出ています。そしてこの『五十三次』は、茶庭の飛び石と心中の道行で玉三郎が花道で見得を切っているのと同じだ、という横つなぎの例証としてだけ扱われていました。

日本では、こういう領域の混淆はもってのほかのことでしょうが、パリではそれで押し切るべきだと思った。むしろそのほうがわかりやすいのです。僕にしてみると日本と西欧という、それぞれの文脈をもつ文化の接触においては、相手のもっているロジックにこちらを翻訳することによって初めて理解できる。同時に向こうのロジックも、日本にもってくる場合、日本向にひっくり返さなきゃいけない。そういう関係を組み立てていかないかぎり結びつかないのじゃないだろうか、と思いながらやったわけです。面白いことに、パリでやったときは論理的な説明で通用したのですが、後にニューヨークに持っていくと、それでは伝わらなくて、むしろコンセプチュアル・アートが開拓した表現形式を介して理解されている、といった感じです。あらゆる表現領域を横断しながら言語化するといった構成だったので、多様な側面がみえていた。だから異なる文化の国を廻しても、どこかでひっかかってくれたといっていいかも知れません。

そして、結果として言えることは、「間」展は日本をバラバラにしてしまったということです。恐らく、日本には日本を容易に感知できる隠語のような土着の受容形式があって、それに基づいてさえいれば安心してものがいえる。だがそれを守る限り、他人とは口がきけなくなる。他人の眼を借りて、自分を見るという訓練が必要ですが、それをやるとこっちがおかしくなることを覚悟しなければなりません。

そういう観点からすると、日本人で日本を論じた人の中にも、かなり違うタイプがあるのがわかります。谷崎潤一郎は日本の陰翳に関心をもった。あの人はもともと日本人の目でそれを見ていなかったのではないかと思えます。西欧の目で日本を見て書いたが故に『陰翳礼讃』は僕らに訴える。もしこれを川端康成みたいに「美しい日本」という格好で日本べったりにしてしまうと、たんにエキゾティシズムにうったえるだけになってしまう。彼らの領域を侵害することにならないわけです。こちらも安全圏で仕事をしているわけです。

日本的伝統を拒否する〈つくば〉

多木——その話で、なぜ「間」展をしたか、その理由はわかりましたが、その前に問題にしていた〃建築的なるもの〃という言葉が表わしているのは、いまの磯崎さんの議論の文脈で言うと西欧の言語ということになりますね。磯崎さんの解説では「間」展の場合には、日本の文化を西欧の言語に翻訳する、置き換えることによって日本の文化をバラバラにして提示したということでしたね。

日本をバラバラにすることと、磯崎さんの中で建築、あるいは文化というものとどう関連しているのでしょうか。それとも文化交流の方法としてだったのですか。

磯崎――さっき逆をやったらいいだろうと言ったのですが、それは僕の〈つくばセンタービル〉の方法論でもあったわけです。あの場合、日本固有の建築様式を意図的に排除しました。そして、ヨーロッパ起源のさまざまな建築的視覚言語は日本に転移させられる過程で分解し、解体されます。その解体した断片を組み合わせていくことに徹したわけです。啓蒙的な意味ではなく、それが日本の状況の中にもう一つの別な刺戟を生み出すことを期待しました。僕にしてみると、この二つの仕事のあいだには二、三年しかありませんし、結果はうんと違って見えるのですが、基本的に同一のことをやったように自分では思っているんです。〈つくば〉の場合には、外国人の批評のなかには、例えばマイケル・グレーブズのように、日本的なものがないのはだめだ、おかしい、という言い方をするものもありました。日本的なものが出てくるんじゃないかという期待を裏切った、なぜやらなかったか、と批判されることもかなりありましたね。

多木――「間」展の意味は、きょう聞いてはじめてわかったけれども、しかし、そのことは、かなり面倒な問題を含んでいると思います。日本の伝統とか、言語とかと、西洋の言語や文化とかの間の、微妙に政治的でもある問題の出し方もあるわけでしょう。これに対して磯崎さんが「間」展と〈つくば〉の関係をかなり割切ったかたちでいま話されたわけですが、それをもういちど、メタ的に考えてみる余地があるように思います。

というのは、なぜ、西洋/日本という問題のたて方をしなければならないのか、ということです。日本の伝統に魅惑があるのはたしかかもしれませんし、日本的な生活や無意識を免れて生きているとは思いませんが、自分のなかでは対立しあうことが、プロブレマティックにならないのです。あえて問題にするなら、二重になっているとか混在しているとかということだと思っています。自分のことを考えようとすると、このどっちかで考えるわけにはいかないからです。

ちょうど七〇年代は、西洋のポスト構造主義の哲学が、現代思想として紹介されてきましたね。その受け取り方は、人によって違うとは思うのですが、いままでの西洋的思考といわれていたものに対しての否定的な要素が、西洋の哲学者のあいだにあらわれているわけだから、それを従来の日本人がもっていた感性の正当化にすりかえられているという感じを、僕は七〇年代の後半に強く抱いていました。

磯崎——それは最近ますますはやっています。建築界で典型的なのは、黒川紀章の立場です。彼は〃利休ねずみ〃などと称して日本的な断片を利用しています。さらには西欧中心主義的思考にたいする内部批判を逆手にとって、日本という安全圏にいることに無批判なまんま、日本的なもの、江戸的なものを正当化しようとする。最近はリオタールや、ボードリヤールの言説さえも援用しています。

多木——それだと簡単な話ですが、そうはいかないんですね。日本には感性の伝統が明らかにあるし、実践的には、非常に特性がある。「間」の場合も、それをとりあげられたのだと思います。しかし、これは定義の仕方にもよるでしょうが、考えるというのは、それぞれの文化固有のものでしょうかね。たまたま考えるということが、ギリシャではじまったからそれは西洋の思考だといっているが、人間が考えるということは、人間にとって普遍的に共通の問題ではないかと思います。もちろん「考える」ことだけで世界ができているわけではありませんし、感じることや実践的な行動が世界なんでしょうが、そのなかに「考える」というひとつのレベルが存在すると思っています。啓蒙的理性を信じているのではないかという誤解をうけると思いますが、あえてそう言うのは、理由があるからです。

ある意味でヘドニスティックな身体的な文化をつくりあげていったのが日本で、いまになって西欧人が身体を問題にし、なぜ言語が行き詰まったか問題にしたことと、それを重ねてしまうのは、問題が違うだろうと思っているからです。僕は時代おくれになるかもしれないけれども、「考える」という軸については、たまたま西欧的といわれているものを保持していようと思っているわけです。

建築の場合でも、さっきのシンケルの話じゃないけれども、建築が永遠かどうかわからないし、歴史的に変化するものであるからこそ、〝建築的なるもの〟という概念が、もともと日本の建築の中ではなく、西欧の建築の中にあったものであること、そのことを見直さなくてはいけない、と思っているんです。それを絶対化しようとか、強化しようとかということではなく、それらの関係を見るという意味です。

んできます。

磯崎——基本的な立場として僕はまったく賛成です。そしてそれは、日本で、近代というものが、建築のうえで確立されたのか、もし確立したのなら、それはどう超克されたのか。そういう問題のあり方ともからんできます。

例えば数寄屋建築がいま評価されるわけですが、数寄屋というのは建築家がつくっていません。ということは、一八世紀以降のヨーロッパの、意識的に方法化する手段を講じてしか《建築》はつくり出されなかったという近代の仕組みを、幸いにももたずにできている。和風建築は、大体そういうものでできあがっている。和風は和風でいいのです。

しかし、和風を近代の意識でつくり直した、見直した、そういう人がはたしていたかどうか、ということになってくると、なかなかむずかしい。僕が堀口捨己さんという人にずっと関心をもち続けている理由は、そこにあります。彼は直観的にそういう問題意識をもっていたように思います。だけど、どうしていいかわからない。ちゃんと論理化もできなかった。どっちかというと、ヨーロッパから日本のほうに引きずり込まれて、矛盾したまま終わった。そういう人だと思うんです。彼の方法論の中には、べったり日本の心情だけに引っかかるものとは違うものがある。

ところが最近、きちんと仕分けしないままに、比較的若い建築家が数寄屋、数寄屋と言うわけですよ。そのあたりに大きな問題があると思いますね。

〝大文字の建築〟とは何か

多木——僕は、限られた範囲でしか建築に接していませんし、建築家の方法の問題としては、いろいろな設定の仕方があるとは思いますが、磯崎さんのように〝大文字の建築〟とは言わないけど、〝建築の建築性〟を、少なくともそんなものがあるのかないのかを、少なくとも歴史意識として、問い続ける必要はあると思う。

磯崎——同感です。〝大文字の建築〟(Architecture)ということについて言えば、せめて英語にしたときに通用してほしいということだけです。独語のアーキテクトニッシュでもいいんです。architecture with initial A と読んでいるのが普通なので、これを使っているだけです。それが大袈裟に見えるということはあります。僕も使い方が雑駁なところがあったので、近々論理的に整理したいと思っています。

ところで、そういうある意味での批評あるいは批判は、一八世紀のこの時期から発生したものでしょう。

多木——そうですね。市民的公共性がこそ批評が発生する基盤になるわけです。でもこの市民的公共性は一種の虚構で、たちまち崩壊していくわけですね。だからその批評は、建築的なるものに固執することではなく、その建築的なものが否応なく、それが成立した歴史的基盤、それを支えてきた社会階層の崩壊とか文化の変容ということにさらされるわけですから、それに対してどういう対応の姿勢をもつべきかという問題としてあるはずなんです。

磯崎流にいうと〝大文字の建築〟を支えてきた歴史が変貌するわけですから、この変貌が現在、どんな関係をともなって現象しているかというのが、おそらく建築を含めた社会のあらゆる場面で問題にならざるを得ないことなのに、問題になっていない。あったとしても消費社会変容です。

磯崎——そのとおりですね。

大切なのは「無根拠性」を問うこと

多木——批評というのは、昔は趣味判断でしたが、いまは事実と思いこまれていること、自明と思われていることに果たして根拠があるのかないのかを問題にする思考です。つまり自明という形而上学をあばいていくことですね。ミシェル・フーコーがやろうとした歴史学は、結局そういうことだったと思うのです。彼が歴史というものを言説だということは、歴史を形而上学からときはなす、そういう壮大な試みだった。

〝建築の建築性〟を問題にしたり、日本には身体とか感性とか行為というものはあったけれども、思考があったかどうかということを考えてみようというのも、たとえば「思考」はあるのがあたりまえだと思いこむことが疑わしいからです。むしろ「思考停止」があたりまえです。

磯崎さんの〝大文字の建築〟の場合でも、本当は絶対の根拠があるわけではないということを、明確にしたうえでのことならよくわかります。〝大文字の建築〟というのも、事実なのか、ディスクールなのかを考えろ、という問題提起として動いていくパラメーターではないか。つまり一八世紀から今日までの歴史のなかでつくられてきたディスクールから、確かなものを分離することはなかなか困難だし、実は「これが建築だ」とわれわれが直観的に判断し、選り分けていく、その基準自体の根拠も怪しいのではないかという気がするんです。

磯崎――いまの議論を整理すると、〝建築的なるもの〟の成立の基準としてア・プリオリに、そしてより奥にその根拠を保証する大文字の《建築》がある、という構図に陥ってはならぬということですね。それは僕からすると、大文字の《建築》は考えたときにしかあらわれないと説明されることによっていくらかはっきりすると思えます。考えるというのはどういうことかというと、ある問いかけをする、批判をする、プロジェクトをつくる、そういうことです。あるいは〝構築する〟、〝でっちあげをやる〟と言ったほうがいいかもしれない。それをやった瞬間に大文字の《建築》が見えてくるのであって、これをつくらなきゃなにもないわけです。だから、本来無根拠で捏造されているプロジェクトが呼びだすことによってはじめて《建築》はとりだせるのだから、これもまた無根拠たらざるをえないとは言えませんか。

そのときに組み立てるプロジェクトが有効であるか否かは、それが建築的ディスクールをもっているかどうかによるわけですね。例えばメタボリズムは、例えばノイエザッハリッヒカイトがそうであったのかどうかという、それぞれの評価になってきます。いずれにしても建築的ディスクールがなにかで成立しなきゃいけない。それを成立させるのが〝アーキテクトニッシュなもの〟なのではないか。すなわち〝アーキテクトニッシュなもの〟でロジックを組み立ててあれば、建築のプロジェクトの一環を構成できる。

さらにもう一つ、〝大文字の建築〟は、メタ概念にすぎません。あらわれたり、消えたりする手のものであってつかみどころがない。だから、あると言っちゃいけないので、なにかあると鏡に映るけれども、鏡に映らなきゃなくていい。絶対的なものじゃなくて、つねにこちらを組み立てたときにはじめて見えてくる手のものです。

多木――そうですね。

そう考えるといま話に出た、戦略的にプロジェクトをつくるときに、それが建築的な枠組みの中に入るか、入らないかという場合に、一つの判断基準が生まれるんじゃないでしょうか。

磯崎――それが〝アーキテクトニッシュなもの〟で、例えば古典主義だったらプロポーション、オーダー、シンメトリイ、そういういくつかの古典的建築の基準があるだろう。その議論は、おそらく一九世紀を通じてヴァレリーの「ユーパリノス」に至るまで絶えず組み立てられてきた〝建築的なるもの〟の概念なんじゃないでしょうかね。

多木――それが近代建築以降、とくに現代のような消費社会を迎えたときに、一体どうなるのか。一九世紀の建築が成立するのは、資本主義という社会が背景にあった。ル・コルビユジエたちはそれを発展した中期ぐらいの資本主義を背にしてやった。だけど、いま迎えているのは、超高度に発達した資本主義であって、この資本の力は、いまではひそかな背景ではなく、とにかく否応なくどこかで感じなきゃならなくなっている。

そういう社会のなかでは、〝建築的なるもの〟といってみても、その根拠が、いまや実体としても理論としてもつかめなくなっていることは明らかです。

例えばル・コルビユジエが信じたような根拠は誰ももてないと僕は思うんです。ル・コルビユジエは本当に〝建築的なるもの〟、あるいは都市が人間を救うということを、どこかで信じていたと思う。

磯崎——あの人は伝道者みたいなものだからね。伝道をやるには信じていないと、あるいは信じたふりでもしないと、本気じゃ言えない。

多木——いまわれわれはル・コルビユジエのようなああいう信念はもてない。そうするといまあえて〝建築的なるもの〟と言う理由は、根拠に対する批評、あるいは根拠の中身を知ったうえで、もう一回いろいろな形で概念なり、なんなりをもう一回組み直してみるという作業からしか出てこないのではないか。磯崎さんが〝大文字の建築〟と言われると……。

磯崎——おそらく誤解が発生しやすいと思います。つまり一般的な受け取り方として、なにか奥に絶対的、超越的な《建築》があって、そこからロジックなり、イメージなりが放射されることによって、建築は具体的にできあがる、それがわかれば全部わかるというようなことになってしまいかねない。

多木——そうだと思いますね。

磯崎——もしそういう言い方が成り立つとしたら、それはもっと昔の時期、例えば建築と〝大文字の建築〟が一致していた、つまり一八世紀までの古典主義建築の時代だろう。その場合にはそういう上からの放射によって成立するヒエラルキーがあったかもしれない。

多木——神として存在し得た。

磯崎——それが分断されたのが近代以降ですから、そのあいだの関係は直接的にはないわけです。極端に言うと、ないということさえ議論されていない。

多木——磯崎さんの説明も不十分ですよ(笑)。

磯崎——あまり詳しく言っていないしね。

多木——ただ僕も〝建築〟という考え方にどうしても関心があるので、例えば僕なりに言い直し、あるいは僕の現在の問題意識に変えて考えてみると、結局こういうことではないかという質問でもあったわけです。僕がいま建築を見たときに、〝建築的である〟と感じるのは、どういう場合か。少なくとも建築であることを頭から信じているような建築は、建築と感じないですね。

磯崎――感じないということは、多木さん自身が〝アーキテクトニッシュ〟な判断基準を全部もっているということになるけれども、それでいいんですか。

多木――そうではなくて、建築というときには、ある問いのかたち以上ではないのではないか、ということです。そうでないと、現実そのものでしょう。あるいは現実の力そのものでしょう。少なくとも不安定感とか、ある種の概念の組み換えがあるかないか、ということが、現実であると同時に現実でないことの重なりの条件でしょう。

磯崎――ところで無根拠性の問題については、この対談のはじめに最後にそれをやりたいと申し上げた点でもあるのですが、かなり結論的に話が出てきていますね。だけど、それを言えるためには、まだわれわれのあいだでかなり手続きが必要だという気がします。

国家の影を排除した〈つくば〉

多木――そうですね。きょうは取りあえずそういう問題があるということをまず出しておいて、〈つくば〉に戻りましょう。

さっき〈つくば〉の場合には向こうからもってきたものを、日本の言語に置き換えて、それをどう解体していくのかということだ、と磯崎さんは説明された。だけど、〈つくば〉は本当にそういうプロセスでできたものですか。

というのは、〈つくば〉をつくっているイメージの部分、例えばミケランジェロの広場とか、あるいはルスチカ仕上げの柱とかについては西洋を日本的言語で語った、そう言えるだろうけど、あのマッシブな基盤のうえにさらにマッシブな箱を配置し、なおかつ全体はグリッドにしたがうという構成的方法は、日本的な言語ではまったくないんじゃないですか。

磯崎――日本的な伝統の中にない部分だということですか。

多木――そうです。

磯崎――ないと思いますね。例えば中国のほうが確かに合っているんですね。驚いたことに、〈つくば〉は、おそらく世界中のどこよりも中国で評判がいいのです。

多木――それはかなりマッシブなものを、かなり合理的に配置しているからでしょう。

磯崎――そのとおりですね。

多木――イメージとしてみるとミケランジェロの広場とか、ルドゥ的な柱のイメージがうかんでくるが、それら全体は合理主義的な思考でつくられている。だから、ふつうはそのイメージで西洋的なものを読みとってしまうかもしれないが、僕はそうは考えなかった。むしろ全体の方に合理性を感じる。どっちが重要だったのか、などきいてもしかたがないでしょうが。僕は奇妙な感じをもったんですよ。

磯崎――かなりのところは無意識的な選択ですから、自分でも説明できません。だけど、文字通り具体的なものは、引用という意味も含めて意識的に使っています。そういうときにレファレンスの範囲を限定して、日本をはずそうとしました。

表にあらわれてくる諸要素を、可能なかぎり日本では見慣れないものに限定しようというつもりはありましたね。だから日本に対してはレファレンスしなかった。

ニューヨークで、あの〈つくばセンタービル〉だけをめぐって議論する機会がありました。そのとき僕は、これはヴェラスケスの「ラス・メニーナス」みたいなものだ、と比喩的に説明しました。つまり画家は王と王妃のポートレートを書くことを依頼されたのだが、その中心になる人物を遠くに追いやって、周りでそれを見ている人間だけをクローズアップした。画家自身や侍女たちです。結局彼らが見ている当の相手は遠くはなれた鏡のなかに、それも一枚の絵のようにかけられている。そういう仕組みになっています。僕はそれほど意識しなかったけれども、結果としてはそういうことになっている、という説明でした。だから、ミケランジェロ、ジュリオ・ロマーノ、ボロミーニ、ルドゥ、最近の友人の建築家のだれでもいい。それが周りで取り囲んで見ていると考えたらどうか。無根拠なでっちあげをするわけですから、恣意的に、たまたま関心のある芸術家を寄せあつめた、そう考えていいじゃないか、なんて言ったので話は混乱してしまった。

そのことを日本に帰ってから書いたわけです。日本という国家のポートレートを描くことを頼まれたのにもかかわらず、日本という国家が僕にとってはさほど頼りになるとは思えない。日本という国家のイメージを描かないことによってポートレートを成立させる、そういう関係をつくったのだというふうに説明したわけです。

そしたら浅田彰さんが、逆説的に、それは天皇制の構造をそっくりそのまま表現しているんだから、実は日本的だとあらためて説明してくれました。それであの件の話は終わりになっているんです。そこまで話が広がるとはつゆ思っていなかった。選択した最初はせいぜい非日本的ということだけなんですね。

多木——国家の問題をどういう形で論じるかということですが、確かあのとき、国家を意識的にはずすということをおっしゃいましたね。

磯崎——ええ。それはかなり最初からあって結局、僕なりに日本の国家がどう見えているかということは説明したつもりです。少なくとも、いま対象として描くべき国家の姿がないという実感だけはあった。ということは、上から下、細部に至るまで貫通するコンセプト——建築、デザイン上の——は、採用できない。古典主義はそういうスタイルをもっている。つまりかつては様式というものがあったわけです。日本的様式、古典主義様式、ゴシックといった一つの完結した様式を仮にどれか採用すると、その瞬間に全体から細部まで決まってしまう。この構図に国家が上にポッと乗っかったら、たちまち国家に収奪されてしまう。

それをどこかで断ち切るという戦略が必要になっていた。

それは国家を表現したくない、それだけの話です。要するに垂直に貫通する透明性をもった様式を、断ち切るわけです。引用された断片をちりばめる。ディスジャンクションを起こさせる。いくつかの方法論をそこで展開しようとしているわけです。その操作過程について多くの議論がなされた。それが、〈つくば〉が僕にとって事件であった意味だと思うんです。

一九七〇年の大阪万博までは国家があると思っていたんです。あのころから国家の姿が消えはじめた。すくなくも、今日はあの時代よりも薄まったのではないか。ところが、世の中はそうはなっていなくて、最近はもっと国家、国家というようになっていますね。

七〇年以降は国家から資本へ

多木――実際に七〇年以前に国家が強かったかどうかはともかくとして、少なくとも七〇年代になると国家ではなく、一つの異様な力――資本と名付けたほうがいいようなもので、国家はむしろその中で一つの機関として機能するというようなもの――が形を取りはじめた。だから国家に対する戦略よりも、本当に必要なのは、資本に対する戦略のほうではないか、という気がしますね。

問題が輻輳しているので、一つ一つはっきりさせておきたいのですが、さっきの日本の文化と西欧の文化という問題も同じことで、国家という枠組みが、結局、なんらかの形でアイデンティティ問題に関わってくる、ということです。ふつう民族のアイデンティティと言われてきたと思うんです。ところが、近代になってから各文化が、曖昧になった自分たちのアイデンティティを確かめるときは——第三世界を含めて——国家という枠をきっかけにしています。典型的なのは、二〇年代のメキシコ。リベラやシケイロスなどによって民族的アイデンティティが主張されているように見えるのだけれども、それも実は革命を行なった国家という枠があるから成立していると思うんです。

だからそういう意味では、文化のアイデンティティを問うディスクールは、民族を問題にしているようで、常に国家を問題にしているのです。日本文化が強調されているということも、必然的に国家にどこかで収斂していくことになる。そして日本の場合、国家論になると天皇の問題が登場してこざるを得ない。そういうディスクールの仕組みになっている。

ところが、現実にもう一つの異常な力——資本——によって、国家という枠がほとんどなくなる次元が見えてきてしまった。例えばマネーというものの動き方には、全然国境がないわけです。

それが建築の世界だと、最近とくに感じるのは、東京をはじめ、各地方自治体のつくる公共建築の場合です。それは行政の力というよりは、行政が資本という力の一部分として機能しつつ、なおかつ行政の象徴的表現として建築が存在するという形を非常に明確な形で取りはじめている。この行政は、国家とはいえないように思います。

建築はおそらくこの資本と国家のあいだに挟まって、一方で自分たちの文化のアイデンティティがなにかを探していく。日本の様式に戻る、日本の感性に戻るという場合は、否応なく国家論が登場する。そうでない場合には資本が登場する。このような状況は、七〇年代の終わりごろ、ちょうど磯崎さんが〈つくばセンタービル〉をつくったころから、非常に明確になっている。

「つくば」で磯崎さんが試みたことは、文化のアイデンティティをはずすことだったという気がするんです。つまり「国家」をはずすことですね。その方法では、資本の力の問題はあまり問題になっていなかった。

今から考えてみると、まさに時代のかわり目で、あの建築はすでに、資本化する建築のさきがけかもしれないな。あの建築は、確かにヘテロジェニックな形でエクレクティクだという様式をみることができるけれども、全体としてはものすごくラショナルで、その点では国家へつながっていくでしょう。

磯崎——なぜかというと、僕のクライアントは国家の代理人である公団、ビューロクラシーです。ビューロクラシーの論理を受け取って、その中でプロジェクトをつくらねばならない。彼らを説得するには、ラショナルしかあり得ません。だから当然ラショナルです。基本的にそれはビューロクラシーの中を通り抜けてきたものです。

だけど、それをラショナルと見えないようにするためには、いろいろな手を講じてはいます。表層にたわむれるような、さまざまなイメージをはめ込んで、常に攪乱が発生するような手当をしています。だがそれはベーシックな点ではおっしゃるとおりラショナルです。ある意味で僕の建築の、最初からもこれから後も、変わらない点ではないかと自分では思いますね。素直にラショナルであったほうがいいと思っています。

多木——というよりも、建築は、必ずラショナルな要素をもつだろうという気がする。ただ、どこかでそれを崩し、ずらしていく方法を考える。その方法が磯崎さんの場合の建築性をささえるもので、〈つくば〉では、比喩の方法として登場している。僕はそういうふうな読み方をしていた。

磯崎——国家を表現するのはラショナルなレベルです。それは正確な批評かもしれないですね。なにからなにまでクライアントを裏切って成立する建築はないわけですから。クライアントのもっている仕組み、構造を全部飲み込んで、そのうえでどう料理できるか。それは与えられた条件です。

文化のアイデンティティを支えるもの

磯崎——僕がもし若いジェネレーションの人に悪い影響を与えたとするならば、公共建築のもっている、あるいはもたざるを得ないラショナリティを建築の方法論から排除することによってはじめて〝建築的なもの〃が生まれてくるんだと、問わず語らず言ったりやったりしてきていることかもしれません。割と短絡的に解釈されているところでは、そういうふうな言い方をしたがゆえに、クライアントはできるけれども、公共がついてこない。つまりみんな公共から排除され、公共の仕事ができなくなってきた。それを組織事務所がかっさらっていったという過程が過去二〇年起こっています。

僕なんかがかつがつやれてきたのは、そこらへんをぼかしながら、ときにはいろいろな手を使ってすり抜けてきたからです。その責任もあって、この数年コンペをつうじて非公共的になってしまったタイプの人の仕事を公共建築に押し込もうとしています。

おっしゃるようにラショナリティというのは、ある意味で、ないといけない。それを受身でもっているのじゃなくて、ポジティブに、それを武器とするぐらいにならないといけない。

多木——その一つの過去の例として、国家とラショナリズムと建築の建築性というのが、奇しくも一致していたイタリアのラショナリズムがあります。これがムソリーニの時代に、近代建築の一番ラショナルな部分を受け継いでそれを形式として発展させ、国家に奉仕させるということをやった。あれは新古典主義をえらんだナチの場合と反対で、非常に特殊な形ですが、それが成立した。ル・コルビュジエはそこに目を向けて、おれにも仕事ができるかもしれないと思って近寄っていくわけですね。そういう例が二〇年代の終わりから三〇年代にかけてイタリアにあった。

いまわれわれは、そういう意味での国家を目の前にしているというよりは、力なんですね、感じているのは。この世の中になにごとでも起こさせてやろうとしているような力なんです。だから問題としてはむしろこの力に対しての戦略のほうが、建築の場合にはより重要になってくる。

磯崎——それは言えると思います。戦略というか、批評的に方法論が組み立てられねばならない。

多木——資本というものから逃れられないし、それを逃れてはいまや文化も建築も存在しない。クライアントが大資本かどうかという問題とはちがいます。小住宅にだってそれがあります。逆に文化や建築が資本として機能しているという現象があるわけですから、逃れるとか逃れないとかいう問題ではない。

磯崎——資本としての建築というのはよくわからないな。資本が支えている建築物の計画というふうに考えていいんですか。

多木——というよりも、むしろ資本の概念が経済的な概念よりずっと大きくなってしまっている。むしろ現象を起こさせる力の場というようなものです。ブルデューは文化資本というけれども、これは明らかに経済効果を前提にした範囲でのことです。しかし、いまはむしろ、文化が資本になる。例えば東急とかセゾンとか、いろいろな資本の活動が文化を支えて下さるというより、それを資本化していく動きがある。建築もそういう資本の一つです。

つまり、建築は、いま、さらになにかを発生させる力の場を形成する要因、という次元になっているわけです。でもそれは昔、神殿やカテドラルが世界を象徴したというのとはちがう次元なんです。

建築の建築性を考えるというのも、実は、形式の問題としてではなく、こうした力の動きを一時とめてみるという働きとしてなら、まだ意味があるかもしれません。

磯崎――そういう意味で言うと、〈つくばセンタービル〉に戻りますが、国家という主題が実は古ぼけてきはじめた。オールドファッションになったのです。その主題の交代として国家が消えて資本が名ざされはじめた。その中間にまだ国家がやれていると思いながら出してきた仕事だ、と規定することができるでしょう。だから僕みたいな建築家がやれるシチュエーションが生まれたと言えるかもしれない。

多木――そうですね。

磯崎――そうすると、それ以後には、国家と関わる日本の建築ははっきり言ってないわけです。「第二国立劇場」や「関西空港」のような国家がかかわるプロジェクトが生まれていますが、ここでは実務的でファッショナブルな解決だけが要請されていて、国の仕事でなくともいいような程度のものです。後は全部資本か地方自治体です。自治体というのは、かなり資本と姿勢が類似している。国家的な政治権力のレベルでは、とりわけメロメロで、まとまって目立った動きになっていない。そして見てくると結局は国境を超えていく資本の動きでしょうね。

実際問題として東京のみならず、日本中で進行しているプロジェクトは、全部合わせたら何千兆円になるか知りませんが、むちゃくちゃなスケールです。一個のプロジェクト単位が巨大化している。われわれがやっている建物でも、昔は億単位だったら結構大きいと思っていたし、いまでも一〇〇億の単位だとかなり大きいと思っています。ところがもはやそうじゃない。一〇〇〇億単位です。そういうスケールになってきている。一〇〇〇億単位のプロジェクトというと、昔は国家プロジェクトだけでした。フランスのミッテランがやっているプランでは、やっと数百億単位です。おそろしい事態に立ちいたりつつあるのです。

多木——これは本当は一番最後に問題にすべきことだったのかもしれないですが、たまたま〈つくば〉の問題に関連して、国家を排除するという話になり、そこから、登場してきたのは資本だったということになった。そして、そう考えると、そこでどういう比喩が使われ、どういうナショナリティが使われようとも、それを消してしまうような力が動いていくようになってきた。

磯崎——開発のスケールから言うとイギリスはかなり大きい。進行具合からいうと日本よりも激しい。その資本の動きに対して、それを古い格好で文化性を要請しつつ、牽制しているのがプリンス・チャールズです。

しかし、いずれにしても今日の状況を考えると、いままでのルーティンでやっている日本の大型事務所のやり方、請負の設計部のやり方などでは対応できないということだけははっきりしている。それをクライアントのほうは知っている。しかしそれをどうしたらいいかは、資本の側にもわからない。建築界でもだれもわからない。規模だけはふえて、なんとかしなきゃいけないということになってきた。

多木——いま自分が生きている時代がこんなになるとは、七〇年代には予想もしていなかった。七〇年代の終わりから八〇年代にかけて浮上してきた資本の力が、国家をすっ飛ばすほどになってしまったことに、ようやくいまごろ気がついているわけです。もちろん、資本だけで話が片づくわけではありません。すべてが資本だというのでもありません。

たとえば、これも避けられないんですが、文化のアイデンティティという問題が必ず出てくる。そのとき、文化のアイデンティティ問題が出てくる土壌として政治が作用してもいる。いろいろな力が動いているわけですが、それらのあいだの関係をつかんでいかなければならないと思います。そういったものを読みとっていくことが、どんな歴史に向って開かれたディスクールたりうるか、という問題です。

どうするか、ポストモダニズム状況のなかで

磯崎——いまの資本の問題に関わってくると、いくつか問題にしなきゃならないことがあるわけですが、まず、いわゆる建築のポストモダニズムについて。この議論が出てきたごく初期、〈つくば〉ができあがった前後と八〇年代のはじめのころに話されていたことというのは、これは藤森照信さんが言っていたんです

が、近代建築は工場をモデルにしてつくった、ポストモダニズムは商業建築をモデルにしているにすぎないということですね。いわゆる表層ポストモダニズム論です。その点では確かに商業建築を、これも資本が支えてきていた。

大阪の、例えば村野藤吾さん以下の人は、早稲田系でもあるわけだけども、反官学的でもあって、資本家の論理に基づくことによって方法論を組み立てた。一方で東京、とくに東大系の建築家の思想は、国家的思考の組み立てで全部きている。その最後の人は丹下健三さんでしょう。昭和の日本の建築界はその二つの派の争いだったわけです。

つまり、床屋政談的に言うと国家の力が落ちてきたのは六〇年代ごろです。それまでは東大の先生の行動パターンは、国家の主要なポリシーを官僚が決める委員会の座長を占める、ということだった。しかし、ある時期から、座長レベルの人が関西系の人にすり替わっています。国からお呼びがかからなくなってきた。官僚にしてみると使いものにならないというわけね。それに建築界にも同じような勢力交代があって、七〇年以降は非国家的とか、商業的なものに乗っている人のほうが表に立ってきた。

多木――そういうことですね。

磯崎――〈つくば〉はそういう意味ではオールドファッションなサブジェクトだったわけです。いまからすればわかるということですけどね。オールドファッションに対する対応の仕方は、ああいうことだろうと思えば思えるわけです。

ところが、大阪の人たちにしてもそのクライアントは必ずしも大型資本型じゃないわけです。いわば商業資本の発想で出てきた人たちが多い。突然の地価高騰が生みだした過剰流動のあぶく銭をつかんだ東京の小地主たちもふくめて、それがポストモダニズムの主流を占めたんじゃないかな。日本の、いわゆる表層ポストモダニズムです。その一方で組織事務所が古い形の大企業と密着していたのが、じわりじわりと縁が切れつつあります。

いま状況としては、混乱の真っ最中です。国が頼りにならないから東京都や地方自治体と結託してプロジェクトをまとめるようにするという人もいるし、広告代理店が銀行や生命保険会社をうしろだてにしてレジャー開発に走りはじめるなどいろいろあるわけです。そのうちに突如として一〇〇〇億単位のプロジェクトが重なりはじめた。何百とあると思います。どうなることか、事態はおもしろいですね。

多木——そこらへんで、僕なんか建築家ではないので、それを一つの社会の問題として、同時にそれを思想の問題として取り上げて考えようとしたときには、どうしても一方で資本の問題、一方で文化的なアイデンティティの問題として取り上げなければならない。そしていまは建築の話だから建築という問題を通らなきゃならない。

磯崎——僕はその過程で《建築》の根拠、無根拠の問題を、見定めておきたいと思っています。おそらく先ほどまでの文脈に従うと、国境を超えた資本が建築を産出していくときの文化の仕組みにかかわるのでしょうね。そして、おそらく無根拠であるという実感があったとしても、それの証明がまだなされていないのです。

その過程で、やっぱり《建築》は残るんじゃないかという気がするんです。大文字の《建築》という言葉は評判が悪いから、カッコ付きぐらいにしておきますが、最後はそこに行きつきそうだと思う。

確かに、三〇年代に国家が新古典主義を使ったみたいに、資本がなにをつかむか、これは見ものですね。この見ものないしは見世物に、僕は付き合わなきゃいけないシチュエーションに置かれているということだけははっきりしています。

多木——そのときに、まるごと付き合うわけじゃないですね。

磯崎——付き合う気なら付き合える。

多木——だけど、まるごとそのなかで仕事をし、そのなかで完結させていくということではないわけだから、それに対する批評がどこかに機能するわけでしょう。その批評はなんであるかということを見定めていく課題がある。動きが、個人の批評を越えて動いていくでしょうから、さらにそれに対しての批評が、建築を成立させ得るとすれば必要だろうという気がします。

磯崎——そう思います。きょう、対談がはじまるまでは批評するということだけがそれを成立させるのであって、ほかはなにもないと言おうかと思ったけど、批評というプロジェクトというほうが適当でしょうか。

多木——プロジェクトです。プロジェクトのなかに批評がある。

磯崎——そのとおりです。それしか成立させられないのじゃないかという感じはあるんです。

テクノロジーと形而上学《メタフィジック》

ポンピドー・センターと香港上海銀行

磯崎——僕の世代に共通したことだったと思うんですが、六〇年代はテクノロジー志向時代であったのは確かです。それが七〇年代に入るとその理由が文化革命なのか、オイル・ショックなのかはわからないのですが、テクノロジーに対する挫折感、恐怖感が生じて、公害問題とか反原発とかのレベルの問題ともからんだうえで、テクノロジーをまともに扱うことから後退しました。その結果、八〇年代に入って、もういっぺん改めてテクノロジーを見直さなければならない、という感じになってきている。

ところで、八〇年代は、建築のジャーナリスティックな意味での情景として言えば、パリにポンピドー・センターができ、香港に上海銀行ができあがった時代です。その揚句に、この手のものがエスタブリッシュしてしまったので、こんどはそれをこわしたスタイルでいこうというわけで〝デコン〟(ディコンストラクションの流行になっている。こういう大まかな流れがあります。

ポンピドー・センターとか香港上海銀行について言えば、六〇年代のアイディアがやっとできたという感じです。できたときには、シドニーのオペラハウスがすでにアウト・オブ・デイトであったみたいにそれらもアウト・オブ・デイトになっていた。だけど、それなりに社会的に問題を提起し、ビジュアルに風変わりだという点では関心をひいた。そういう構図ですね。だから本来ここで議論すべきテクノロジーの問題とは違う、ごく表層の流れだと思います。香港上海銀行ができたとき、多木さんはどういうふうにお感じでしたか。

多木――僕はフォスターのそれまでの仕事には魅力を感じていました。一方で総ガラス張りの透明な建築、もう一方でルノーの非常に繊細で軽快なテント張りとしてしか認識していませんでした。それらにはたいへん興味があったんです。ところが香港上海銀行になったら、ある意味で構造を表現化することが、非常に直接的な形で出てきてしまった。いままでのフォスターのひとつの持味だったあのテクノロジーを巧みにつかった軽量感が喪失してしまったので、失望感を抱いた記憶があります。

ポンピドー・センターの場合は――それがテクノロジー的な観点から言ってどれくらい優れているか、僕には厳密にはいえないし、いずれにしろ力学的レベルでのテクノロジーですが、――現代の情報都市の中における美術館というもののプログラミングの仕方を変えようということには興味をもちましたね。従来の、一八世紀以来の美術館という考え方に対して、むしろ都市に埋めこまれた一種の文化センター的方向を取り、本来なら出入り自由のような空間をつくろうという、プログラミングの変化があったのではないでしょうか。重要なのは、建築よりも美術館というものの機能を変えるというプログラムだったと思います。

実際に建築ができあがってくると、そこには、ものすごい部材を使っているわけだし、工場のような外観が出てきたわけですね。

そういうテクノロジーを剝き出しにした構造物が、一九世紀の外観でできた都市のなかに出てきたので明らかに異化する効果はあったでしょうね。しかもヒロイックじゃありません。フォスターの場合は、あれが香港に建ったからといって、異化作用を起こすわけではないですね。シンボリックではあるでしょうが。ポンピドー・センターは、例えば海岸の造船所が並んでいるところに建ったって、ほとんど意味をもたないような建築が、あの古い都市のなかに突然出現した、そういう異化作用をもった。ですからポンピドー・センターは、都市的なコンテクストと美術館のプログラミングの変化という意味で評価できるけれども、香港上海銀行には失望した。同じテクノロジーでもそれ以前のルノーや総ガラス張りの……。

磯崎——イプスウィッチという町にできた生命保険会社のことですか。

多木——そうです。彼はどちらかというとインマテリアルな、非物質感的な方向へ行こうとしているのかと思っていたのは、僕の誤解だったかもしれませんが、香港上海銀行はフィジカルに出てきたわけです。

磯崎——計画案の過程を見ると、最初からあんな露出じゃないんですけどね。

多木——そうなんですか。

磯崎——プロセスでいろいろなスケッチをやっていますが、最後に構造が露出してきたようです。どういう心理的な経過があったのか知りませんが、少なくとも本に載っている案の変遷をみると、最初はむしろガラスの多いものでできあがっていた。それがだんだん複雑になってきて、最後の最後まで止まらなかったという感じですね。フォスターがたまたまあのときにそういう構造表現に入り込んだのか、もともとそういうものをもっていたのか。このへんもわからないところではあるんですが、メガストラクチュアにエレメントをプラグ・インするという、六〇年代に一般化していた解決に一致してしまった。

おっしゃるように、フォスター自身の仕事の系列の中では、むしろガラスのスキンをエレガントに組み立てていって、軽さをねらった透明感のある空間をつくり出してきています。最近の仕事もややそれに戻っています。これは冗談ですが、単価が安いとそうなるんです。単価が高いとその分だけ、日本の最近の美術館と同じように無駄使いをして悪くなっている(笑)。もしかするとそうかもしれない。

コンピュータのインフラ化

多木――八〇年代になってテクノロジーとして一番強く感じることは、フォスターとかレンゾ・ピアノたちが建築をテクノロジー化したという以上に、建築家たちが使う力学的なテクノロジーをこえて、社会全体が本当に急速な勢いでコンピュータ化されてきたということです。もうそれがなければ都市の機能が果たされないというところまでコンピュータ化が進んでいった。八〇年代になってひとつはNTTのような情報企業が民営化され、否応なく技術を開発しなきゃいけないし、そういう技術を都市の中へ埋め込んで、人に使わせるようにしなければ成り立たないという事情が生じてきた。

いままでわれわれは、都市のインフラストラクチュアというと下水、電気、ガスなどを考えてきましたが、いまでは都市のインフラはコンピュータです。

磯崎——そうですね。それを建築の中に入れたのが、いわゆるインテリジェント・ビルです。アメリカではスマート・ビルと言って、インテリジェント・ビルと言うのは日本だけですが、いずれにせよ、建築の中まで、いわゆる強電という動力や電灯じゃない弱電のネットワークにしていった。

多木——ただ、コンピュータが建築に及ぼした直接影響とか、それを設計する建築家の感性に及ぼした影響となると、都市全体の場合を想い描くのとちょっとちがうように思います。例えばいまつくられている建築を見ても、絵を描くときにはみんなコンピュータ・グラフィックスを使うようになったし、CGを使ってプレゼンテーションするようになった。たしかにそういう変化はあるけれども、建築のかたちに対してそれがどれくらい影響を与えていくかという問題になると、まだ答えはでていないようだし、建築を構築していくのはどっちみちフィジカルなテクノロジーですしね。だから、社会においてテクノロジーがインフラ化したということが、また、テクノロジーが人間の知覚を変えつつあることが、建築に直接影響するのでしょうかね。言葉を換えれば、様式的にはいわゆるポストモダンの流れとその消費、人間環境のコンピュータ化と建築自体との関係、さらに都市全体というカオスのなかでの、新しい見えない秩序との関係、といったことが、建築家のなかでどういう思想的な問題になりうるのか、僕にはいまひとつつかめませんね。たぶんまだあまり影響を与えていないいんじゃないか。

磯崎——基本的に与えていないと思います。その点は僕も同感です。

コンピュータリゼーションとかテクノロジーの進化によって生ずる問題について言えば、建築の構成原理を変える以前に、構成原理が引き出されてくるような社会的システム、あるいは社会的システムのなかでそれぞれの機構を組み立てていく原理といったものが変わらないかぎり、建築そのもののあり方まで影響しないのではないかという気がします。単純に、マイクロチップのパターンを建築の構成に応用したり、都市の計画にアナロジカルに持ちこんだりする手合いのデザインは、増えていますが、それはレプレゼンテーションの誤解とでもいうのに過ぎず、問題になりません。

無限定空間の末路?

磯崎——ポンピドー・センターの場合は、大まかに言うと、一九四〇年代から五〇年代にかけてのミース・ファン・デル・ローエの無限定空間、あるいはユニバーサル空間と、ル・コルビュジエの言う柱だけあった壁のない自由なプラン、自由なエレベーション、そういう原理ともつながっている。要するに、近代建築がもっている無限定空間、追い詰めて言えば、均質空間の原理の、ある意味でのリアリゼーションだといえます。

これはスタイルの問題と言うよりも、建築空間の中でのモデルコンセプトをポンピドー・センターは生の形で、極端に言うと無批判に実現してしまった、そういうようなところがありますね。

多木——あります。

磯崎——それはある意味ではプラスな面をもっていた、つまり影響力があったと思います。しかし、それと同時に、ポンピドー・センターの中に入った連中は頭を抱え込んじゃったわけです。なにしろ大格納庫みたいな部屋があって、大格納庫の中に目の高さぐらいのパーティションが、無限に迷路をつくっている。そのあいだ、パーティションの五倍ぐらいの空間をパイプが走っている。テリー・ギリアム監督の『未来世紀ブラジル』という映画があったでしょう。あれはポンピドー・センターのパロディをつくったのじゃないかと思います。なかにはいると、そういう感じがするような空間です。

キュレーターというのは、ポンピドー・センターでは格が高いと思われているんですが、あのオフィスの中に入れられるのは死んでもいやだなんてぼやいている。それとまったく同質の空間を美術館の本体の展示場にもつくっている。そちらは毎回パーティションを変えざるをえない。そのメンテナンスで悲鳴をあげています。清掃員のストライキが起こったりもする。展覧会一つやるために全部つくり変えなきゃいけないから、大変なんです。

結局、ポンピドー・センターの改造プラン検討委員会が完成後、一〇年以内に発足したわけです。最初にやったことは、あれをロフトと見立てて、ソーホーなどでロフトを改装してギャラリーにしたのと同じに、きちんとしたパーティションを固定してつくるということです。それはすでにできています。パーマネント・コレクションの部屋は、ガエ・アウレンティがあらためてつくり直した。また設計者のレンゾ・ピアノ自身もテンポラリー・エキジビションのセクションになかば固定の壁をつくりました。そうやってごくふつうのアメリカ流のロフトのギャラリーと同じ格好になったわけです。無限定空間が、ある意味で消えてしまったといえます。こんな改造のできるのも無限定空間のコンセプトだったからかも知れませんが、無限に可変的だという理想状態ではなくなった。そういう矛盾が起こっていて、ある意味ではいい実験素材ということになっています。

さっきの美術館のプログラミングという問題にしても、もてあましてお手上げになって元に戻るというサイクルを一〇年ぐらいでくり返している。それは実験的な提案であった建築空間におけるモダニティ、つまり、二〇年代に成立しマニフェストされたコンセプトの行く末が、もろに見えてきたおもしろい例ではあるんですね。

多木——だが、〈群馬県立近代美術館〉をつくられたとき、磯崎さんの美術館の概念は、「なんにもない空間でいいんだ」という考えだったろうと思うんです。基本的に僕は、劇場とか美術館というのは——とくに劇場のほうがそうなんですが——建築家が手を加えてつくりあげた固有の空間が動かしがたくあるとか、がっちりと形式の決まった空間をつくるというのではなく、使用する側の自由が可能な空間でいいと思います。何が出てくるかわからないのが演劇であり、美術ですね。それに対応する能力をもとうということと、大衆社会に直面していること、そして情報社会における美術館の機能という三つの面から、ポンピドー・センターにしても、プログラムがでてきたわけですね。無限定空間が出てきたのもそのひとつでしょう。ましてて彼らは長いあいだのルーブルの失敗というか……。

磯崎——伝統的な石造空間のあたえる閉塞感みたいなものですね。

多木——うっとうしい、ただうっとうしいだけじゃなくて、ほとんど機能不全に陥ったような美術館の経験を、ほぼ二〇〇年間もしているわけですから、だからこの際新しいプログラムを、ということで出てきたんだろうと思うんです。それは二〇年代の空間を現実化したというより、五〇年代のミースからの伝統で、ミースの場合は、例えばベルリンのガラス張りの美術館の場合は確かに無限定空間です。無限定性は、もともとは美術館から出てきたというより、オフィスビルからですね。

磯崎——そうです。

多木——美術館というもの自体がいったい現代社会や都市のなかでなんであるのか、ということが実は根底にあると思います。それはさっきのテクノロジーの問題とも絡むわけですが、物理的な箱としての美術館をつくるテクノロジー——それがポンピドーの建築ですが——ではなくて、情報の集積という意味が大きくなっているわけですね。だけど一方では、やはり絵を掛ける壁という役割もある。だから、いろいろな機能を含んで都市の結節点になっていかなければならないのでしょうね。

そういう経験も経て、ジスカールデスタンの保守主義と結びついて、オルセー美術館が出てきますね。あれはポンピドーとは別のコンセプトです。展示される場所は決まり、そこに置かれるものも決まり、フィックスされた状態になってしまう。しかも、一九世紀美術館だということもあって、これからなにが起こるかということについてのプログラムは必要としない。その代わりに、一九世紀に関する情報を集積して、どのようにでも検索可能にしていくプログラムが必要になる。だが結果としてのオルセーの展示空間ではポンピエから印象派までの作品がごっちゃになり、それらの中にあの時代の、どうしようもない記念碑的彫刻がダーッと並んでいるわけでしょう。ああなると昔、ジュー・ド・ポームで印象派を見ていた時の鮮明さは消えてしまうし、情報の集積というのも実空間としては難しいものだな、と思いました。ポンピドーの場合は、おそらくプログラミングの段階では、何にでも対応できると思っていたのでしょうね。

テクノロジーは八〇年代に入って変容した

磯崎——確かにそう考えていたでしょうね。われわれが設計をやるときに与えられる条件として、美術館のプログラムとかコンセプトには、多かれ少なかれ、どういう状態にでも対応できる部屋をつくれというのが通常になってきている。これが美術館の運営側の常識みたいなものになっていることは、確かだと思います。

それを建築家がどういうふうに受け取るかという問題はあるのですが、さっきの話に出たミースがベルリンに建てた二〇世紀美術館は、半分以上は地下に埋まっているんです。そこは固定して、非常にきれいにできあがっている。その上にガラスの箱が乗っているわけです。ところがミースという人は、上のガラスの箱の部分とまったく同じものを銀行としても計画しています。下の部屋割は違うけれども上のガラスの箱は一緒です。ということは彼にしてみると、美術館の空間と銀行の空間は同じでいいということになる。

多木——特性を与えない。

磯崎——ええ。そういうふうに割り切っています。IITのような建築の製図室も、その横についている実験室も同じ空間でよろしいというふうになる。ですから、彼の場合はビルディング・タイプとしての中身のちがいにもかかわらず、同じ枠組を強引に組み立てて計画してしまった。それは僕らが五〇年代にもっていた、または与えられていた常識で、いわゆるモダニティを獲得する方法論だった。

そのことはテクノロジーが、社会的制度として異なったビルディング・タイプであり、したがって形態も異なってしかるべきさまざまな建物を、強引に均質化させてしまう力をもっている、と信じることでもあった。ミースはそれを強引に提出した人でしょう。その後に六〇年代の初めに、ルイ・カーンが、主人の空間、サーバントの空間という二分法を提出し、その対立で、建築的構成を再編しはじめます。無限定空間の作用する領域を限定しました。これらをまともに受けてつくった美術館、それがポンピドーだと言うこともできるわけですね。

しかし、ミースのテクノロジーはある意味で物理的なテクノロジーですから、一九世紀的なレベルだと思うんです。それが二〇世紀になると、すべてのビルディング・タイプを均質化し、平均化するぐらいのところまで、この都市内に強引に浸透してきた。こういう事態なんだと思うんです。それに対する建築からのリアクションは、そこまでテクノロジーに侵略されてしまった建築を、一体どう始末したらいいのか、その対案を考えはじめたといえますね。

多木――七〇年代ですね。

磯崎――七〇年代のはじめでしょう。

多木――七〇年代で生じていた、建築についての議論の背景はそういうことかもしれませんね。テクノロジーがどのくらい発展するかということに対する予見もほんとうはあまりなかった。つまり、テクノロジーが社会をつくり、その社会と同じ質で建築ができあがる、という認識が、二〇年代以降ずっと続いてきたように見えますが、それが次第に減速し、たぶんこの時点でそのような認識は有効ではなくなったのでしょうね。

その代わり七〇年代には、いままで議論してきたような、ある場合には形式の問題が、あるいは建築の建築性というような問題が、思想の複雑さとパラレルになりながら今まで以上に強いかたちで登場してきた。

ところが八〇年代に入ると、いままで都市をつくっていたハードなテクノロジーの代わりにエレクトロニクスに基づくテクノロジーが実際に都市を動かしているものだということがかなり日常的にわかる現象が増えてきた。そういうテクノロジーのレベルをおいてみると、建築がそれに対してどういう位相を取ったらいいかということがわからなくなってきている。現実の建築は、たんなる映像でも、カードでもないわけですから、それをつくる過程にコンピュータ・テクノロジーが入っていようがいまいが、そんなことはあまり重要ではありません。フィジカルなものがまずいというのではなく、素朴な身体から高度なテクノロジーまでの多様、多重なひろがりのなかで、建築がどんな位相にあるのか、それがまだはっきりしていないし、あえてはっきりさせるというより、どうせはっきりしてくるものなのかもしれません。もちろんテクノロジーだけが社会をきめるものではありませんが、建築とテクノロジーの関係という主題をおくということは、この決して直接的ではなく社会的な関係を見定めることではないでしょうかね。

磯崎——僕の見方では、建築は、歴史的に見てもそうですが、ある意味でテクノロジーの最先端をそっくり実現するのではなく、むしろ最後尾を実現することだ、それが建築に可能な精一杯のことだということなのです。

テクノロジーは一番最初は、さまざまな専門分野での変化をつくり出すし、商品の生産や流通にも影響します。が、それがやがて社会的に制度を組み立てていく。建築を単位として組み立てられている都市の構造に影響を及ぼしはじめる。この二つの次元でテクノロジーが影響を与えるようにならないと、建築には、新しいテクノロジーを受容して、それに基づいてみずからの方法や形式を変えるスタートが、つくれてこなかったのじゃないかと思います。

例えば、クリスタル・パレスの場合、それをつくることが可能だったのは、ああいう特殊な建築をつくるための社会的なコンセプト、博覧会建築という社会的制度がそのときできあがったからです。だからあのような非建築的と思われていた温室の工法を採用するというアイディアが入り込む余地ができた。技術そのものは既に存在していました。ただ社会的な空間として組み立てられてなかっただけです。つまり、そういうレベルにきたときに、はじめて建築がテクノロジーを利用することができるわけです。

そうすると、いま議論されている現在のテクノロジーというのは、まだ社会組織を変えていないし、インスティテューションを組み立て直すところまでいっていない。したがって、建築家が現時点で最新のテクノロジーを使うという場合には、その模造をスタイルとしてやることになる。それが精一杯なところです。このところのＴＯＫＹＯに群生しているカフェ、ブティク、ディスコ、小型オフィスなどのデザインに、模造性が典型的にあらわれていますが、どうも社会的な力はもちえないようにみえます。たとえば新都庁舎、東京フォーラムのコンペ入選案、なんか、模造にも達していません。こんなサイクルになっている。どう見ても建築というのは、反動的じゃないとしても、前衛にはなかなかなりにくい性質をもともともっているのじゃないでしょうか。

遺跡としての建築！

多木――多少乱暴な話をすれば、磯崎さんは最後尾とおっしゃったけれども、テクノロジーの世界を頭の中においといて建築を見ると、むしろ人々は多くの建築に対して――これは建築家じゃないから言えることなのかもしれないが――古代の遺跡とあまり変わらないような接触の仕方をしているという印象を受けるわけです(笑)。

磯崎――そのとおりでしょう。形式性のレベルでは建築であるかぎり古代的なものの反復にすぎないとさえ断言できますからね。

多木――これは、いろいろな現象が相対化していることに対して、建築がある持続性、さらにはモニュメンタリティをもとうとしているからだと思います。そんなことを考えていると、建築や都市を考える上で、少なくとも三つのレベルがある。ひとつはほんとうに見えない都市になっていくテクノロジーのレベル、もうひとつの極はいまアイロニーとして遺跡といいましたが、モニュメンタルなレベル、そのあいだに人間のスケールで生きていく、しかし、それなりにカオティックで複雑な空間のレベルがあります。実際には建築は最後尾のモニュメンタリティでも、最先端の見えない都市でもなく、この中間のレベルをあつかっているのじゃないかと思います。

もっともテクノロジーに対して、化石になっていくのは、昔からよく言われていることの一つですが、人間自身がそうですね。というのは、われわれの手足をもっている身体は、一番昔に身体の延長としての道具をつくったときから進化していないわけですが、他方、外化された動作と記憶の方はどんどん先にいってしまう。

磯崎——目の位置とか歩くスピードとかね。

多木——なんにも変わっていないわけです。たまたま道具、自動車によって、あるいは飛行機によって活動範囲はものすごく広がった。でも身体のレベルに戻ると、ほとんど生きた化石に近い。テクノロジーの進歩と離れている。この問題が、いわば知覚の問題になると思います。人間の実身体が異形になることはないわけですが、知覚はこの身体と環境のギャップを埋めるように変わっていくわけです。

まだ知覚の変容を示すとはいえなくても、現象としては、最近、テクノロジーを介した人間どうしの関係の仕方には、変化が起こっている。われわれは人と会い、人と語るのはフェイス・トゥー・フェイスであり、また人間の身体の接触を前提にすることによって性の問題が生ずると思っているけれども、このごろはどうもそうじゃなくてもいいところからはじまっている人たちもいる。若い建築家と話していると、そういうえたいの知れないものを、もう身体化していて、建築もそこから考えるから、別に大した変化を必要としているとは思わない、という人たちもいます。同じ「建築」ということばを使っていても別のことを話しているのかもしれない、と思うことがあります。

伊藤俊治さんからNTTが開発した伝言ボックスの話をきいて驚きましたが、それにはある特定の番号がついていて、それを知っている人間はそこに入れた伝言を聴ける。直接電話をしてくれと言っておくこともできる。それは番号によって、アナロジーで言うと、高層ビルのような形に自分でつくっていくことができる。二、三年前に開発されたものが、いまは一日の回線数が数十万とかあるんだそうです。しかもそれらは八時間で消滅する。

その話をきいていますと、まるで見えない都市ができあがってしまったような印象をうけました。人影のない、声だけがある都市。こんなものが出現してそのなかでの人間同士の関係も生じてしまうということは、それだけ人間と人間のあいだが乖離したことだとも言えるだろうし、人間がその乖離を超えた関係をつくりだしているとも言えると思いました。そこは実際に身体を入れる世界ではないにしても、身体同士の関係はありうるわけです。建築は実の身体に対してスペースをつくるわけですから、この世界とは別の世界になります。

磯崎——ある意味で言うと人間の身体がカバーできる領域は、おっしゃるように限定されている。そうすると、デザインをやる連中は、その中で、つまり人間自身が改造できないという前提に立って、その範囲の中で始末するので精一杯ですよね。

空間をトポロジーとして考えてみると、想像的に組み立てるものも、コンピュータでシミュレートしたものも、数学的に記述されたものも、もぐらが知覚したものも、多木さんが体験したと思っているものも、もちろん僕が読んだ本の中身も、全部、空間と呼んでいいわけです。ただ位相がちがっています。そのなかで、建築家が扱っている空間はわずかな範囲だし、実際にできあがっている建築空間といえば、可視的で可触的なある枠内に限定されています。そのなかで、せいぜい人間がはいりこみ体験できる程度のものです。その狭い枠のなかでも、実は無限の可能性があるので建築家としてやっていけるのです。

例えば、日本人には床上に座るという風習があるために、デザインを決めるときに伝統的な日本の建築は、座った眼の位置でデザインを決めているわけです。塀の高さにしても庭の石組の位置関係にしても、すべてこれにかかわっています。それで何百年か庭や縁側をつくってきたという感じですね。

“めまい”と“崇高”

磯崎――このことに関連して言うと、僕はニューヨークのディスコ〈パレイディアム〉をやりました。それが当たった理由は非常に簡単なのです。ちょうどあのとき、バリーライトというのが出現したのです。バリーライトは舞台照明のシステムですが、それに組み込まれたフィルムが瞬間的に変わって、色を何十色にも変えられる。それから絞りを瞬間的に変えられるのでビームランプでもあるし、拡散ランプでもある、首を瞬間的に振れる。それをコンピュータ・コントロールするシステムを開発した。当初それはものすごく値段の高いものでした。例えばデイヴィッド・ボウイが全米ツアーをやったとき、できたての二、三台を彼が持って歩いたために、もうほかにはどこにもないという状態だった。それを常設にしてしまったわけです。

あとはスピードアップして変化できるというと、ビデオです。ですから、ビデオのスクリーンを振り回すように、大型のマルチをぶらさげた。その他はすべてロー・テクノロジーです。

このバリーライトとビデオの二つによって、変化のスピードが上がりました。色が変わる、形状が変わる、パターンが変わる、これだけでみんなクラクラしてくる。バリーライトが開発された瞬間に入れたというのが成功のもとです。いまではバリーライトを使わないロックコンサートは、ダサイという時代になった。そのあいだは数年しかないわけですよ。

そこで何ができたかというと、流動する状況の中でのほんのわずかの差異です。これを産む目標としてはスピードアップしかない。その部分だけに、ほかを削っても投資しようということに決めた。僕も賛成しましたが、最終的に判断したのはクライアントです。彼らの勘がよかったのです。テクノロジーがもし力をもつとしたら、そういうことなんですね。もう五年たっていて、まだはやっているみたいですが、もうおもしろくないですね。ただ古いタイプのディスコということでお上《のぼ》りさんが集まっているというだけの話です。ニューヨークのハイアートにしか関心のない知的スノッブも含めて、だれもが驚いたのは一年間ぐらいのことです。

多木——めまいを起こすみたいな瞬間は、人間がふつうの身体感覚を失うということでしょう。カイヨワの有名な遊びの定義でいうと、イリンクスですね。身体感覚を失うようなイリンクスまで建築というフィジカルなものを進めるのが目的なのか、人間が実身体をもっている限り、これに執着していくという、この二つのどっちかを選択しなければならないというせっぱつまったものではないでしょうが、身体をこえる認識は必要になっていますし、それは、二〇世紀のはじめ以来の建築家とはずいぶんちがった認識になっているとは思います。磯崎さんは社会的条件が変わっていないとおっしゃったけれど、僕は変わってきている、変わりつつある、と思います。変わらないでいるか、たんにそれを表層の装飾のようにうけとっているのは建築家だけじゃないでしょうか。

現在の日本の都市を、西洋の古典的な秩序をもった都市につくり変えることは不可能です。不可能だし、それをやったって意味がない。というのは、そのような秩序、ピクチュアレスクな秩序の意味がなくなるくらい別の形のシステムが生まれてきてしまって、人間の関係にしても、都市のフィジカルな状態が秩序づけられていようがいなかろうがかまわない、ということになっている。でもそのカオスと思われているものは、実は人間のこれまでの知覚ではとらえられないシステムで支えられ、しかもいままでの合理性とか非合理性とかいうカテゴリーではつかめないシステムじゃないかと思います。それを意識するかどうかは、建築家自身の問題だと思いますが、おのずとそれが建築というフィジカルなものを考えるときにもやがて反映していくのじゃないかという気がする。

磯崎——その感覚は、おそらく一八世紀の〝サブライム〟(崇高)の感覚と近いんじゃないですか。人間の感覚をヒューマン・サイズでつかみ取れる場合は美であるけれど、それを越えて始末のつかないものに感動するのをサブライムと呼んだわけですね。つまり人間のスケール感を越えさせてしまうもの、それをつくり出せるかどうか。この対談のどこかで、サブライムはまだあり得るんじゃないかと思うと言ったときには、そういうテクノロジー自身が人間の通常感覚にめまいを起こさせる力をもてるかもしれないし、そういう建築もあり得るのかもしれない、と考えていたのだと思います。僕は若干の期待をそこにもっているんです。

多木——一八世紀のサブライム論は確かにそのとおりだったと思いますが、そういう精神性という方向で建築がサブライムを求める場合と、ただテクノロジーによって人にめまい（イリンクス）を起こさせているのとは違う。後者について言うなら、さっき話した電話でできあがる都市は、八時間たったら消滅する都市なんです。そういうシステムになっている。生成したり消滅したりする都市が、もう一つの都市としてできあがっている。それに対して、僕はある種のめまいを感じるわけです。でもこのめまいも、それを使いなれ、慣習化していくとなくなるのかもしれませんね。

磯崎さんの〈パレイディアム〉の話がさっき出ましたが、それは、これまでの建築とは意味がちがいますね。もっともそれも持続しないでしょうが、少なくともある期間はめまいを起こさせているわけですね。僕にはいまは確実なことは言えませんが、なにかある「建築」のありようがあるようには感じています。と同時にいままで執着してきた領域でも、どうでもいいようなものになってしまうところもある。極端に言えばいまの商品化住宅に端的にあらわれるような、要するにそのときどきのモードを生活のスペースとしてサプライするシステムになる。それがキッチュであろうと、笑っちゃうようなエキゾチズムであろうと、それはモードですし、このモードは資本が必要としているものですから、それと、建築とかテクノロジー、身体とかメディアとかいう問題はあんまりごっちゃにしないほうがいいと思っています。

伝統的概念を崩すテクノロジー

磯崎──さっきのアナロジーになるけれども、一八世紀の場合、遺跡化するというのも、あの時代にあった一つの特徴でしたね。廃墟志向もあったし、〝原始の小屋へ〟という自然回帰の思想もあった。あの時点ですでに両極端なものを考えていますね。

多木──そうですね。ルドゥの建築はサブライムの方向に行かざるを得ない。

磯崎──行っていますね。それでニュートン神学みたいな形に……。

多木──ならざるを得ない。だけど、これにはある意味で神秘主義がどこかにつきまとっている。そうでない側は、最初からこわれたものをつくる。その両極に分かれた。そのあとに出てくるブルジョアジーたちが、僕がいまどうでもいいという言い方をしたようなスペースにとっかかっていくわけです。

磯崎──なるほどね。それでビクトリアンになる。

多木──そこへべたっとくっつき、フランスではオスマンの世界がべたっとくっつく。これはむしろ資本主義の生産と消費の世界です。

磯崎──要するに売りやすい商品を提供しようという発想です。

ところで、歴史をたぐっていくと、実現していないにしても考えられていたイメージは、かなりいろいろありますね。例えば無限に高い建築、無限に長い建築、向こうが見えない部屋などというものも、それなりにかなり恐怖感を覚えるんじゃないかと思うけれども、それらはこれまでみんな考えられてしまっている。むしろ瞬間的にあらわれて、瞬間的に消えるという建築のほうが、もっとこわい状態を生み出せるかもしれない。

多木——磯崎さんが『へるめす』で書いていらしたル・コルビュジエのムンダニウムは無限に拡大する美術館ですね。

磯崎——そうです、人間拡張のね。

多木——人間拡張の美術館であり、そういう意味で言うと、ル・コルビュジエは美術館という単体で考えないで、都市が美術館なんだという格好で都市を設計すればよかったと思いますね。

磯崎——コンセプトは膨大なスケールをもっていると思うんです。だけど、それがゆえにできなかったということがあるんでしょうけどね。

いま、八〇年代の終わりに差しかかって、僕個人がおもしろいなと思うのは、二〇年代の終わり頃の議論です。それを三〇年代の政治状況とか五〇年代における戦後の好況期との関係で簡単に解釈しているけれども、あのときにもっていたいろいろ深刻な問題のいくつかを引き出して、それをいま読み直したらおもしろいなと思っているんです。

『へるめす』21号に書いたんですが、結局ハンネス・マイヤが「コンポジションになったらいけない」、あるいは「コンポジションは芸術であって、芸術はこれから後の建築ではない」と単純明快に規定した。もともとル・コルビュジエは建築は芸術だと言いつづけてきたわけで、焦らざるをえなかったというところがあるわけです。

ところが、同じ問題がいまあるんじゃないかという気がしているんです。コンポジションというのは、ある意味で言うと、目に見える、感知可能な範囲を設定するフレームを構成するということですね。そうだとすると、われわれは、そのフレームをデザインによってこわすのじゃなくて、外部から侵入してくるファクター、例えばテクノロジーでこわすことができるかどうか。僕がもしテクノロジーと付き合うとすると、そこが一番関心のある部分です。言いかえると人間の言語活動が自動的にフレームを組み立ててしまいます。哲学でも、機械のデザインでも、建築の設計でも、フレームで限定することではじめて成立するのですから、すべて同じです。ところが、テクノロジーはその外部にあると僕は考えています。そして、このフレームを他動的に壊す作用をする。言語活動だけでは制御不能です。かかわりができるとすれば、衝突して事件をおこすことだけです。

そういうことを考えていたのが、実はコンピュータ・エイディッド・シティだったのです。これは単純だから議論を繰り返すほどのことでもないのですが、例えばコンピュータが社会化したさまざまな組織をこわすだろう、こわしていいはずだ。つまり、コンピュータが全部の空間を均質化する。その均質空間のなかで、ミースは銀行と美術館を同じデザイン、同じ空間でいい、と言い切った。

ところが、もしコンピュータ・テクノロジーによって、例えば事務のとり方、ドキュメンテーションの仕方、それの情報の引き出し方といったことがどうなるかを見ると、極端に言うと美術館も銀行も学校も、みんな同じになる。つまりコンピュータの前にすわっているわけですね。みんな同じ格好に見えてしまう。そうすると建築も、目の前にモニター・スクリーンがあればいい。同じ格好でつくっちゃえばいいんじゃないか。美術館は美術館らしく、学校は学校らしくという、これまでのビルディング・タイプを組み立ててきた建築の概念を揺すって枠を崩してしまう。そうなってきたら、建築がひと揺れもふた揺れもするのじゃないか、そういう期待をもっているのです。

しかし、同じようにモニターの端末機に向かって座っているといっても、つまりそのタイプが同じであっても、その周りにある装飾部分——装飾部分というのはちょっと延長して考えているのですが——は決定的じゃない。すべて恣意的だ。どういうデザインも可能だ、と考えていくと、東京みたいな町のむちゃくちゃな状態は、実はすでにこの状態が実現しているのかなという気もときどきします。

少なくともあのときに考えていたことは、テクノロジーが、それぞれの時代に組み立ててきたフレーム——思考のフレームでもいいし、ビルディング・タイプでもいいし、美術館の額縁というフレームでもいい――をやっぱり何回か崩していると思います。いまもういっぺん崩すはずだという気がする。ただ、ちゃんとしたモデルがまだできていない。

多木――つまり、一九世紀にできあがったビルディング・タイプというものの体系に替わるものがほとんどできていないということですね。建築家は一九世紀来のビルディング・タイプのなかで仕事をしているということですね。

磯崎――別な意味で言うと、建築は一九世紀的な芸術概念だけで評価されているということにもなります。

多木――そうですね。だから、いま仮りにテクノロジーによる変容が生じてきている社会に対して、もし建築自体を開こうなどとしたら、建築家自身がかなり混乱せざるを得ない。

磯崎――失業する事態にたちいたる(笑)。

多木――別の職業になるかもしれない。

磯崎――僕はそう思います。なんかの会合で建築家は保守的で、反動的な職業だと言ったことがあるんですが、また袋叩きにあいました(笑)。だけど、ある意味で建築は、そういう要素を引きずっていると思います。

現象的な人間と形而上的な思考

多木――そうです。いま話してきたことは、一つはテクノロジーだけからみることにして、それがどんどん発展する――八〇年代は七〇年代に比べて比較にならないくらいのテクノロジーの進歩がある――けれども、これに対して建築は適応できていない。つまり、それを冷静に見るならば、さっき言っためまいと芸術としてアウト・オブ・デイトになるもの(遺跡)とのあいだに、建築家がいるという認識がいま語ってきたことだったと思います。

もう一つは、そのときに、建築はつねに人間にかかわらなければならないという宿命があって、コンポジションの問題も結局はそこから出てくるわけですね。ハンネス・マイヤみたいに「コンポジションじゃなくて、コンストラクション」ということで解決はつかないものがあるわけですよ。

磯崎――その場合、人間にとっても対応の型が二種類あります。外界の受容と外界を感知してリアクションを起こすレベルでの、五感ないし六感をもった人間の身体性ということが一つ。もう一つ別にメタフィジックとして、人間がイマジネールとして組み立てるものがありますね。

おそらくレスポンスのレベルの問題は、テクノロジーと直接的にかかわってくるでしょう。例えばアンドロイドのように機能代替したり、器官を延長したりする問題であるとか、感覚を拡張したり縮小したりするドラッグを含めたさまざまなテクノロジーの作用というのが片一方にあって、それによって外側の空間が変化しますね。

ところが、もう一つのほうはどういうことなんでしょうか。自分で説明がつかないからなんとも言えないのですが、そういうものがない、と言ったほうがいいんじゃないかと長いあいだ思っているのです。つまりメタフィジックをつくり出す能力が人間にあるとは考えない、ということなのかな。

多木――それはむずかしいところだと思うんですが、ひとつはそのメタフィジックとか、フィジックとかいう言葉も、あいまいだという気がします。たとえば、歴史に対する意識、あるいは歴史の無意識に対する意識、というほうがいいかもしれませんが、それは僕にはやはりメタフィジックだといっていいような気がしています。磯崎さんのおっしゃった片一方のレスポンス、という立場からすれば、形而上学を否定して外界に対するレスポンスこそ、人間としてあらわれることだ、という観点から人間を把握し直すという方向が考えられますね。そのときには形而上学的存在あるいは思考などというものは否定しようとするわけです。だけど、身体というのはどの辺からとらえたらいいか、まだ実際にはよくわかっていないような気がします。いろいろな身体があることを断片的にとらえることはできますが、人間の身体は昔からいまに至るまでこうだったと言い続けているのに等しい哲学者たちの身体論は、歴史という出口をもたないから、もうアウトです。

形而上学ということを、殆ど言葉をもつことに等しいと考えたらどうでしょうか。言葉よりひろげて表象一般としてもいいんですが。現象的には人間というのは、つねに歴史とともに見え隠れしながら変容して、それぞれの時代に違った人間像を、むしろパーセプション自体が変容するなかで人間の観念をそこへつくり出していくだろうと思うんです。ところが、形而上学的人間というのがあったわけではなく、人間はいつも形而上学を必要とし、生みだしてきたんじゃないでしょうか。ただそういう形而上学が、無意識なままでに思考の枠をきめているとなると問題になるし、そのことを相対化していくことがどんな場合でも必要だとは思います。

建築の場合には、実際に単純にモードに流れる現象的な人間に対応する——そうなるとライフ・スタイルになるわけですが——形式というよりも、むしろそこでの形而上学のように——テクノロジーも含めて——成立している部分をわずかでももっているのじゃないですか。

磯崎——あいつは頭でっかちな建築家だということを言われるとすれば、そういう感じですね。どう言っても、いままでのわれわれがやってきた議論は、そっち側に属していて、建築という形而上学が成立しているかどうかという形而上学、それを議論してきていたということだと思う。

多木——さっき磯崎さんは、形而上学はなくてもいいかもしれないとおっしゃったけど、人間が考えることをやめない限り、形而上学は消えないし、超越性の問題だって、そう容易に消えるものじゃないだろうという気がしているんです。

超越性というと、なんとなく観念論的哲学に聞こえるけれども、超越性は人間にとって重大な問題で、人間が自分の範囲だけでなく、それを越えたところで現実にかかわるというのもその一つだと思います。

磯崎――さっき非形而上学的というふうに言ったのは、説明が不足していましたが、こういうことなんです。建築ということだけではなく、芸術をつくったり、あるいは哲学をつくったりすることは、かなり神秘的なメカニズムによって心、精神の中で生み出されるというように、これまで見られていたし、言われていたと思います。

しかし、実はそのメカニズムはむしろ逆であって、さまざまな情報がインプットされて受容されたものが、非常にできの悪いリダンダンシーの過多なコンピュータみたいなものによって、ごちゃごちゃ掻き混ぜられているうちにできあがった組み合わせが、あらためて外界に形而上学として提出されているのだ、と考えることもできませんか。もともとはなにもないのだけれども、外からきたものを受容したうえで、変換とか組み合わせとか、ランダムな結合とか、横飛びの連結とかということによって、それらが組み合わさっているうちに別なものに姿を変えて、あらためて放出されるということかも知れない。

極端に言うと、もし僕個人の形而上学というものがあったとしても、それをとりだしてみれば横割りになっていて、それぞれこれはいつ入った、いつ入ったというインプット情報が単純に蓄積されているのにすぎないのじゃないか。それを掻き混ぜるメカニズムが、かなりいい加減に活躍するからおもしろい。僕はこの攪拌のメカニズムに興味がありますね。それも言語構造の属性かも知れないし、シニフィエとシニフィアンの関係が恣意的であるみたいに、シンタックスも単にランダム・コネクションだろうし、メトニミックな横すべりだけが先行するのでしょうが、制御不能であることがとりわけ面白い。

多木――いまの磯崎さんの言葉を受けて言うならば、人間は形而上学を生産する機械、形而上学機械でもあると言えるだろうと思います。それなしにはあり得ないだろう。

片一方で、外界から情報を受け取っているレスポンスの知覚的身体のほうは、そのとき、そのときのテクノロジーでも変わる。そこでつくられる人間像もおそらくどんどん変わっていくだろう。だから、僕はさっき磯崎さんがおっしゃった以上に、テクノロジーによる社会の変容は起きているし、そのなかで、建築を理解しなおさなければならないが、この作業は、形而上的なものだと思っています。哲学者は、そんなものは形而上学じゃないと言うでしょうが、それは言葉の定義以上じゃない。

形而上学は必要か?

多木――社会と建築の関係を言いあらわすためにいろいろな思考の装置とか、仮説的なものをもちだすわけでしょう。そのための媒介の概念としても、例えば「場所」とか「欲動」とか、いっぱい出てきている。しかし芸術とか建築、あるいはものをつくるということは、そういう現代思想のキーワードを媒介することなしに直接やっているわけです。それは独創性を保証するわけではありません。そこに無意識になんらかの仮定、いつのまにか、他人と同じことをやっているということになるおそれはいつでもあります。

だから逆に今度はそれを解釈し――それを作者と結びつけて解釈するのではなく――独立して読み方を探すという、記号論以来のレクチュール論の重要さというのは、そのテクストが何と言おうとしているかというより、そのテクストの無意識を明るみに出そうとしてきたことでしょう。

磯崎――もしそういうことでいくとすると、例えば蓮實重彦氏の「説話論的磁場」を借用すれば、作家は無意識に全部自分の仕事は自分のオリジナルと思っているけれども、みんな一緒の仕組み、生産のパターンが繰り返しだというわけですね。そういうようにして、また別なフェーズで組み立て直すことは……。

多木――可能ではないかという気がする。

磯崎――その場合、物語が成立する由来ですね。それが古代から人間のもともと変わらない構造としてあるのか、社会の制度として組み立てられてしまったものなのか。そういう議論はあると思います。

多木――今後、もし建築をそういうふうに思想化して考えることがあり得るとするならば(建築は思想化して考えねばならないとは思いませんが)どんな方法でやればいいのか、僕にもよくわかっていませんが、たとえば、建築家はとにかくつくってしまう、テクノロジーとか、資本とか、社会とか、何かよくわからなくてもつくるわけですから、建築外の人間としてはそこに重層して入り込んでいる因子を読むことによって逆にテクノロジーとか、資本とか、社会とかいうものの現実を読みとってみたいという気持を起こさせられます。それは建築を作家個人の思想としてつくるということとは全く別のことです。

磯崎——僕の場合、実際に仕事をしますね。そのとき自分で考えていることが実現できたとは全然思いません。方法論を組み立てたって、一〇〇%はとうていできない。考えたことの一五%ぐらい入っていればいいほうです。残りの八五%はなにかというと、自分がコントロールできなかったもの、偶然割り込んだものです。つまり自分と違う要素、赤の他人が割り込んできてしまったというわけです。しかも、一五世紀の石のようにしたかったけれども、二〇世紀のペラペラの石にしかなっていないとか、そういう時代的な制約も含めて、とうていコントロールがきかないものばかりが入り込んじゃっている。

そうすると、ある意味で言うと建築家の無意識のようなものが、作品としてできあがっているというのが現実だと思います。ということは、それを突き放してみれば、つまりその作家が何を言っていようが、大して差はない。さきほどの言いかたで言えば、「説話論的磁場」にたやすくからめとられてしまっているのです。だから僕が自分のものを見る場合と人のものを見る場合とで全然違って見えるのだと思います。

同時に、コンピュータに出てきた図面、書いた図面、施工と工事中と、できあがってから、となんべんも付き合っている。そうするとだんだん違ってくるわけです。自分で身体的に感知できはじめるのは、構造体が建ちあがったときぐらいからなんです。そのときにスケールがこうだった、空間がこうつながっていたというのが、はじめてわかる。

少なくとも僕の場合は、その時期から書いた図面を忘れて、見はじめるんです。それまでは、実は理屈を立ててプランをつくっているわけですよ。ところが、そのプランはある時期、自分にとって消えてしまう。その空間の知覚レベルだけが残っていく。できあがるにつれて、だんだん他人の建築を見ているような感じになっていく。もちろんそのとき、色をどうしようか、ブルーと考えていたけど、赤のほうがいいなと思って赤を塗る。そういうことを現場でも決めていくわけです。それはある意味で言うと、古い建物を見ていて、このへんはだれか後で手を加えているけれども、これはこう変えたほうがいいな、と思うのと同じに見えてくるんです。それはほとんど知覚のレベルの問題であって、そのときは形而上学は消えている。建築と付き合いはじめるとみんな知覚レベルに戻っていくような気がします。

多木——でも、最初に形而上学——あるいは言葉、あるいはコンセプトはあるでしょう。

磯崎——形而上学がないと形にならない。そこらへんが建築の場合、いつも問題なんですね。例えば、徹底的に形而上学を否定しようとする。形而上学なしで、つまり建築のコンセプトとかイメージなしで建築をスタートしようとすると、例えばアレキサンダーのようなことになる。

彼は自分とは違うベースでサーベイをしてエレメントをつくってきて、それを自分の方法論で、つまりパターン・ランゲージで分解して組み立てる。自分はコンピュータライズしたロジックしか与えなくて、セレクションなんかも、スタッフが議論して、これがいいと言えばそれでいいと言う。そういうプロセスがずっと集まって建築をできあがらせる。だからできあがりは、まったくおもしろくないわけです。空間もドラマティックにはならない。

彼は形而上学からスタートしない方法論を、なんとかつくろうとしている人だと思います。だけど、それはたいがい失敗している。おもしろくないのです。にもかかわらず、そういう形而上学抜きの方法論を、なんとかして組み立ててみたい——それが本当にうまく成立するかどうかわからないけれども、そういう希望を建築家はどこかにもっていると思うんです。

多木——むしろ美術家の場合はそうかもしれません。まずものを触ってみて、というあたりからスタートしているわけですね。ですから美術家というのは、基本的にものすごくソバージュだと思います。そのソバージュなものが驚くべきものに到達する場合も、美術の場合にはあり得るわけですね。

美術家の場合、感動を受けるのはそういうところですね。例えばセザンヌのような人にしても、彼は決して絵の上手な人じゃない。そして、一番根源的なことに直にぶつかって形として追求した。それが次の世紀を完全に支配するようになるという驚くべきことが美術家の場合は起こる。

建築家もそういうものであってもいいかもしれませんが、建築という芸術の一つの特徴として最初に組み立てを必要とする。予想されたものをいちおうつくってみる。

磯崎——しかし、それは何回も他人の手を経てしかできない。自分が全部最初からアーティストとして組み立てれば可能なわけです。ところが図面としてコントラクターに渡すと、それがサブコントラクター、例えば石屋さん、サッシ屋さんというところにいって、サッシ屋さんはサッシ屋さんで図面を書き、石屋さんは石屋さんで図面を書く。自分たちの技術で可能なやり方に翻案するわけです。すなわち、途中で伝達可能なレベルのものしか残っていかない。

多木――否応なくその中に合理主義が入る。

磯崎――まったくロジックにならないとか、他人がわからないとか、そういう部分は入れられないわけです。これは宿命だと思います。その点で、建築家は最後にアーティスト・コンプレックスに陥るわけです。「おれは大きいものをつくるのに飽きたから、小さいものを手仕事でつくって死にたい」とか、建築家はみんなそう言う(笑)。

ですから建築は、多かれ少なかれ、社会化したシステムでしかないと思います。完全にプライベートなというか、私の中だけで組み立て得る部分はない。もしあるとすれば、その部分が形而上学ではないかと思うんじゃないかと思う。あるいは無理して形而上学風になっていくのかもしれない。これはかなりなレベルでフラストレーションなんです。

でも逆な場合があって、絵ばかり書くけど、全然建たないという人もいるわけです。例えばピアノやロジャースはポンピドー・センターがつくれたけれども、あれのオリジナルはピーター・クックやロン・ヘロンがもっと昔にやっていた図上の構想案なわけです。ピーター・クックは、いまやっとできかけているようなものもあるけれども、たいしたことにはならない。彼は描いているうちに、どうしてもできないほうに行く。だから途中でポシャってしまって実現しない。むしろ彼の影響を受けた連中のほうがプロフェッショナルにスパッとやる。その部分を切り落として先に進むことができる。建築家はそういう訓練をさせられるわけです。その訓練なしで短絡はできません。

多木——社会というものが建築にとって否応ないメディアとして存在している、ということですね。

磯崎——ええ。これは避けられない部分だと思うんです。

八〇年代に見えてきた新たな問題

多木——さっきから話していることは、建築ひとつをとってもいくつかの層が重なっているということですね。そんなことは昔からあたりまえだといえばそうですが、それぞれの層の歴史的な変化はかなり急激にあらわれていると思います。層の切り分け方も、その比重も変わっているかも知れません。知覚と形而上学の関係という層、テクノロジーが問題になる層、そのうえに社会性——つまり否応なく社会というメディアを通さなきゃならない——にかかわる層などが重なりあって互いに浸透しあっているなかに建築が発生してくるということではあるようですが。

磯崎——そうではないかと思うのですが、説明はむずかしいですね。

多木──ひとつは、前回話題になった資本の問題が、八〇年代にはあまりにも強すぎるので、そっちの側での動きに言語がついていけないんです。それと今日出てきたテクノロジーですね。これもうまくとらえられない。現象としてはわかるんですが。僕は自分でもそう思います。なかなかそのことを言語化できないという感じをもっています。

磯崎──その問題については、ある意味で言うと資本のあり方を総体としてとらえる理論が出てこなかったことにもかかわりますね。

多木──八〇年代に入って、建築自身の生産量がべらぼうに大きくなったし、確かに話題になる建築もいくつかあります。パリのグラン・プロジェのような形で展開されている仕事もある。しかし、世界中でそういう現象が起こっているのにもかかわらず、もうひとつ逆に、建築の意味の相対的な低下ということも起こっています。これは日本独得の現象かもしれませんが、土地の価格が上って、上に建つ建物の価値がなくなるということとも関係がなくはないと思います。だから八〇年代は、建築が活況を呈したのか、その反対なのか、同時に両方なのか、そのあたりに問題がありそうな気がします。

こうしたことは、建築について語ることを、少なくとも僕には非常に難しくしています。いろいろ建築についてのディスクールはあるんですが、それはこういう観点についてのディスクールではありません。専門領域でのディスクールはともかく、社会や都市で、全体としてなにが起こっているかを見たディスクールは乏しいのではないでしょうか。

磯崎——歴史の終焉なんて言ったからますます悪くなった。

多木——しかし歴史は終わってはいないですね。なんとかの終焉という言い草は、六〇年代ぐらいから盛んになった。これは終わった、こういうのは終わったと切ってきたわけです。終わったと言い、切ってきた理論は、そこで思想あるいは知の組み換えを行なおうとしてきたわけですが、必ずしもそうはいかなかった。なんとかの終焉という議論が出てきた場合には、大体眉唾だと考えたほうがいいという気がするんです。

磯崎——眉唾なんだけど、みんなそれしか言わない。

多木——とくにポストモダニズムの終焉と言うと、それはむしろモードとしてあったポストモダニズムの終焉ということでしょうが、そのことは建築もモード化していることを自ずと語ることになっているわけですね。

磯崎——とりわけ八〇年代は、ある意味で言うと終焉理論の時代だったと言えないかな。終わりと言う以外しょうがない、とみんな実感的にそういうふうに感じているのでしょうね。

多木——そうするとこれから九〇年代に入り、二〇〇〇年になると、資本やテクノロジーとの関係はもっと進行していきますからね。終焉理論じゃ理解がつかないですね。建築はモードじゃありませんが、モード化しようという力はいっそう働きつづけるでしょうね。

磯崎——前回で資本の問題とのからみで、プロジェクトの巨大化ということがありましたが、実際問題として周りを見ていると、スケールがローマの末期みたいになってきているんです。東京フォーラムの五〇〇〇人のオーディトリアムなんかがその例ですね。ローマの場合がそういう感じです。どんどんふやして、大きくはしたけれども、間延びしてくたびれてだめになっていった。いまのプロジェクトの傾向を見ていると、ローマの末期と似てくるんじゃないかという印象があります。

そこでもう一つの問題は、おそらく都市だと思います。実はいま建築を言っていてもはじまらない。本当は、それをはめ込んできた都市がどうなってきたかというほうが、おそらく深刻な問題ではないか。都市自身はさっきの説話論の転用じゃないけれども、あれに似たような仕組み、いわゆるフィジカルなレベルじゃない、もう一つメタレベルでの構造をもっている。そしてそれが建築を生み落としているという部分もあると思います。そういうふうにして受け皿を組み立てて成り立とうとしている都市と、中身に押し込むために流れてくる資本の動きとが、どこかでガタガタ揺れているという感じもするんです。確かに八〇年代に入ってもいままでそれが見えなかったですね。

多木——そうですね。僕自身も、なにが社会に生じているのかを考えるようになったのはそう古いことではありません。

磯崎——末になってたいへんなことになってしまったな、というふうに見えはじめた気がする。

多木——しかし考えてみると、消費社会論が展開しはじめたときに予想されていたことでしょうが、現象の方は、流動する資本にしても、テクノロジーにしても、とめどなくひろがっていくわけで、まだそれを読む理論装置の方ができてこないということなんでしょうね。

創造の根拠はどこにあるか

歴史の終焉？

磯崎――八九年の後半に一番議論されたのは、歴史の終焉ということでした。このきっかけはフクヤマ論文かもしれません。それはヘーゲル的な歴史の終焉で、イデオロギーの対立とか、闘争とか、そういうものが歴史をつくるという、その歴史が終わったということを言っているみたいです。

それをもうちょっと敷衍すれば、イデオロギーが役に立たなくなったということでしょう。そうした議論が、この半年ぐらいのあいだ全世界を駆け巡っている。その例証として東ヨーロッパなどの、ペレストロイカ以降の社会主義国の変質がいつも引き合いに出される。そういう具合になっているというのが、ごく常識的なパターンです。

ところで昨年の一年間を通じて議論してきた中で、つねに歴史が引っかかっていた。イデオロギーがもういっぺん見直されていくであろうという予感でしゃべっていたこともあります。

一方、世間では、両方終わった話になっている。そこのあたりが、僕にしてみると整理をしておかないといけない議論の一つではなかろうかと感じています。

多木――おっしゃるとおりですが、僕はたとえば世間でいわゆる歴史の終焉が語られていても、自分自身はそんな形では考えていないんですね。むしろ積極的に歴史の概念をつかんでいきたいと思っています。もし必要とすれば歴史という言葉の受け取り方の違いをはっきりさせることでしょうね。

いまさら言うまでもないことですが、歴史の終焉という言葉はいまにはじまったことではないわけで、近年では、コジェーヴの例があります。そのときいわばヘーゲル的な大文字の歴史の終焉が論じられたのです。脚注に日本の例を使っていたし、例の純粋状態のスノビスムという概念がそこで使われて有名になりました。このスノビスムは日本の型にはまった文化の形式だったわけですね。別にペジョラティヴな意味で使っているわけではありませんがね。

磯崎——浅田彰氏が、『朝日ジャーナル』に書いているのを読むと、コジェーヴのアメリカへの紹介者が、『アメリカン・マインドの終焉』を書いたブルームで、彼の弟子がフクヤマ。そういういきさつなので、これはコジェーヴのパターンを焼き直したんだろうというわけです。

多木——それにたしかにそういう議論がでてきても別に不思議ではない、すべて終わったという時代感覚はますます充満しているわけです。これは言い換えると有限性を自覚することかな、とも思いますが、それだけ微分化したものしか残っていないというわけでしょうね。その一般的感情がこの東欧におこった政治的変化で一層つよくなってしまったんでしょう。なにかが変わりつつある、あるいはいままで確かだと思い込んできた世界がへんな具合になりはじめて、なにかが崩壊しつつあるという印象は、僕自身だって、いろいろな芸術のありかたを見ていても感じてきたわけですね。それを歴史の終焉として問いかけられるかどうか、僕には疑問です。僕はなにかを理解するときにはそれを歴史に開いていくことだとしばしば言ってきましたが、そういったときには、そう厳密だったわけではありませんが、ヘーゲル的な意味での歴史とは違ったかたちで考えてきたのではないかと思っています。

磯崎――ヘーゲル的でないというのは、マルクス的でもないということですか。

多木――というよりヘーゲルとかマルクスとは、きわめて重要で、僕自身いまだにそれを繰り返して読みますが、そこから自分を考えていない、彼らの名によって歴史を語っていないということです。僕は自分の歴史観を大したものとは思っていませんが、現在の時代――それがいちばんわかりにくいんですが――にいることを強く自覚することは、歴史意識だと思っています。ヘーゲルにしろ、マルクスにしろ、僕が歴史を考えるときの、依然として重要な軸となるディスクールではありますが、でも、いま世間はむしろマルクスの終焉、そしてとりもなおさず資本主義の勝利と言いたいわけですね。それも政治的発言としてはある意味で当然で、それでもいいでしょうが、ただそのことを資本主義の勝利と短絡させると、また問題がちがってしまう。

ただこんなことは感じています。大変大雑把な言い方ですが、一九世紀はヨーロッパが世界を植民地化していく時代で、その枠組みから見ていける様相が多いが、二〇世紀は、二つの大戦という大きな出来事も含めて、その歴史は常に社会主義革命を軸にして回転してきたということはできるかもしれませんね。

つまり原動力は階級闘争だったわけで、それにいろいろな要素が関与してくる。ある場合には、非常にナショナリスティックになり、ファシズムになったりもしたし、ロシア革命後のスターリンのような全体主義的体制も生じた。だがいずれにしても社会主義志向といえるような核はあって、そのまわりに世界中が展開してきた。これはもうどうやら終点に達したようだ、と。去年の暮れまでにほぼ一巡した社会主義国の崩壊を見ていると、これは歴史の終焉というより、ある時代に支配的だった政治の終焉だし、それはむしろ個人を超えた歴史の力を感じさせた経験ではなかったのですかね。

よく一九世紀は一九一四年まで続いたといわれることがあります。つまり第一次大戦の勃発まで一九世紀の延長だったと。しかしもし二〇世紀を全体主義対民主主義の闘争として捉えるならば、八〇年代いっぱいでそのことはだいたいケリがついた。未来がどうなるかは全くわからないけれど、すでに二一世紀へ連続した時間のなかに立たされたという印象があります。だから九〇年代というのはあまり適当な展望のための枠ではなく、すでに二一世紀として今をうけとったほうが有効な気がしている。

磯崎——つまり早くきちゃったというわけですね。

多木——ええ。しばらくはおそらく空白の時代——そういう認識に具体的なものがついていきませんから、おそらく空白のような感じがしばしば続くだろう——になると思います。

政治とはなにか

磯崎——いま多木さんがおっしゃったような形での闘争過程はありました。その闘争過程をイデオロギー対立というのか、社会主義対資本主義という主義対主義の対立なのかわかりませんが、そういう対立過程を論じるのが、政治学だという通俗的な解釈があります。そうすると、政治を対象とする政治学も終わったということになりかねない。歴史、政治、そしてイデオロギーも終わったというわけなんでしょうか。

ところで、僕が政治と言っているのは、現実の政治とは全然ずれています。有効性もなにもありません。それは方法化されたものであったり、手法であったりして、基本的にわれわれが使える論理がジャンルの中に成立している。そこには貫徹されたロジックがあります。それが異質なもの、つまり他者と衝突する。事件を起こすわけです。プロジェクトとはそんなものです。例えば都市と建築が衝突する。あるいは建築家と建築家が競い合っている。そこに事件が発生します。それをすべて引っくるめて「政治的なるもの」と呼んでもいいだろうと考えています。実は僕の建築とのかかわりからすれば、「政治的なるもの」は後からやってきました。というより、七〇年代をつうじてこれとのかかわりを排除しつづけてきたからです。もちろん「社会的なもの」とも呼びうる領域が圧倒的に建築的思考をしばりあげていたので、これも同時に排除し、建築をいっさいの他領域への参照なしで方法的に組み立てること。すなわち建築の自立した論理がそれ自身で成立しうるか、そういう問いかけをしていたからです。手法論をそういう枠組みのなかですすめたので、多木さんを含めて多くの人々から非難された。そんないきさつがあります。

だが、これは僕にとって必要な手続きでした。何しろそれまで、建築におけるディスクールは、とりわけ日本において、社会性、政治性といった他領域の論理への雑駁な言及でしか、語りえないほど粗末だった。通俗的なイデオロギー批評以外の何ものでもありませんでした。他領域への言及をはずしても建築は成立しえなければならない。独自性をうちだすために、機能や用途や効用なんかさえ無視しても自らの論理を働かせねばならない。そんな囲いこみの戦略をたてたのです。だから、かたくなに、政治にもふれまいとしていたのです。だがそういう枠内でつくりあげた建築をプロジェクトとして提出すると、必ず外部と軋轢を起こします。事件になります。その出来ごと全部がすなわち政治的になってしまいます。

つまり、〈つくば〉で国家の貌をいかに消そうかと努力してみたり、〈東京都新庁舎コンペ〉で規約違反に問われたり、〈MOCA〉で委員長と衝突して、新聞だねになったり、これは通俗的にすべて政治的な事件に巻込まれたわけです。そのあげく、もういちど、建築を閉ざさずに置く必要を感じています。

多木——そのことをもうちょっと伺っていきますが、かつて、戦略的にしろ、自立的な方法をとった。それはたえず外部と衝突する。これを当然のことでそのあげくに開いた系と考える。一つの閉じた系の中での論理は、たいして可能性がない。これはわかりきっているので、いちおう了解事項としていいと思います。

そうするとつねに多言語な状態で、異種の混淆があるのがむしろふつうの状態ではないか。その多言語状態とは、そのあいだに衝突も起これば矛盾も生じる。その矛盾が生じる状態を生産力のある状態とみなす。そういうことですか。

磯崎——そうです。

多木——多言語で異種混淆の状態が意味を生産していく可能性の根底だと言いかえると、磯崎さんのおっしゃることには、まったく賛成です。ただ、それを政治と呼ぶかどうかということになると、微妙に違うところがあるようですね。

たとえばこんな場合はどうですか。ある大衆に受けるイラストレーションがあるとします。非常に人気があるのは、きわめて無害なちいさな物語を描いているからですが、それは、ある意味で大衆が生きているコードを確認させるからなのですね。わかりやすくいうとそれは現状維持の機能をはたしているわけですが、むしろ幸福なイメージを振り撒いているだけのように思えます。こんな場合には、磯崎さんのいわれるような出来事は全く起こりませんが、きわめて政治的な役割をはたしています。この役割に焦点をあててその絵をみるとすると、それは非常に政治的な見方になります。僕が政治学というときにはこんな見方をさしているのであって、必ずしも出来事が起こっていることではありません。

またフランス革命当時に描かれた無数の図像に興味をもったのは、それらのひとつひとつがある出来事に対応して産出されていたり、現にプロパガンダのためにつくられたりしているわけですが、こうした関係以上に面白いのは、その時代の図像のどれをとっても革命についての意見の表明になっているわけで、社会全体がある装置のようになって、自らに向かってのイメージを産出しているという事実なのです。このときに、社会は政治的だと思います。この政治を見出していくことをイメージの政治学といっているので、イメージひとつひとつの出来事としての効果を考えているのではありません。つまり、要約すると、政治と呼べるような、力の布置からなる次元が人間の集団にはあって、そこにはないように思われるものをそことの関係で理解することを政治学といっているわけです。だから僕の場合は、政治学というのは、むしろ読む側の能動的な作業で、なんらかの表現や行為のレトリックを立ち上がらせ、動かす作業なんです。

磯崎——もうちょっと別な視点で見ると、例えばさまざまな抑圧があります。社会的な抑圧、心理的な抑圧。知的なレベルでの抑圧もある。その場合、抑圧があることを意識している人と意識していない人を比較すると、意識していない人の量のほうが多いわけです。にもかかわらず、抑圧を介して事件が起こります。ハンディキャップ、フェミニズム、あるいは南北問題であっても、結局パターンとしては似たレベルの問題として状況が組み立てられる。そこで出てきたものは、多かれ少なかれ事件に結びついているんじゃないかという気がするんです。

多木――フランス革命の場合はもともと政治的、革命的な空間が開かれているわけですから、そこでのあらゆる言表は政治的になります。しかしもっと考えていくとそもそも言語を使うこと自体が政治的なわけで、あるいはバルトのように権力と言う方がいいかもしれませんが、その外側に立ってその政治を壊しにかかることではなく、その内部で、その力を借りながらその力の布置をずらしてしまう作業をわれわれはしているわけですから、われわれの日常的、非日常的な活動は、ある意味ではすべて政治的だといってもいいわけです。それが、ある場合には、具体的な政治的抑圧と関連してくることもあるでしょうし、ない場合もあるでしょう。

またこんなことも考えていいのではないかと思っています。たとえば文学についての政治学というものを考えられるが、それは扱われている主題とか、描写の方法とかではなく、かつての社会主義リアリズムはそうだったわけですが、小説という形式自体が世界史的な視点からみて、きわめて政治的な関連のなかでこそ考えうるものだということです。あるいは非ヨーロッパ世界の近代化という問題ひとつにしても、ヨーロッパというものとの関係で見ていった政治学がなりたつし、近代化が行きわたると、こんどはヨーロッパの没落というこれまたきわめて政治的な歴史が起こってくるわけです。だから政治学というのはそういったさまざまな次元で生じる歴史的な過程を分析することだと考えていますが……。

自分の視点と他者の問題

磯崎――二つの立場があって、ちがった説明になってきているのではないか。多木さんは、多元的な状況があるというように見られている。その状況を総体としてながめてみるとどういう問題が起こってくるかという考え方をしている。僕は、多元的な状況があることは認めていますけれども、なにはともあれすでに多元的状況の中にいるわけですから、中にいる人間が状況という外部に対して何か動かすとそこでもめごとが必ず起きる。仮にコミュニケーションするとしても、僕ともう一人の相手とがコミュニケーションしようと思うと問題が起こる。あるいは何かを共有しようと思えば、またさらに問題が起こる。そういう立場からどうしても離れずにいられないわけです。それでなんでもかんでも事件と見てしまう傾向におそらくあります。これは思考を一般化できずに、常に、ひとつのプロジェクトを提出するものとすれば偏見というか党派的というか、独断というか、いずれにせよ、ひとつの立場を確認しながら行動し、発想せざるを得ない、建築家という職業を宿命的にえらんでしまった限界があるのかも知れません。普遍的価値があるなどちょっとでも思うと設計はすすみません。居直りと攻撃と取引きでひっかきまわすだけです。

多木――自分の視点がきわめて制約をされたものだということは、僕も同じ意見です。見えていないことの方が多いわけです。

ただ、いま磯崎さんがおっしゃったのとどこが違うかというと、いま聞きながら感じたのは、何か起こることを政治とおっしゃっているけれども、僕は何も起こらないように見えているものを動かしてみる認識を政治学と呼んでいるわけです。それを僕の場合には、一つの言語的実践としてやっている。それを政治的というより、むしろ修辞的実践という言い方で言っています。

昔は、政治とは何事かが起こることだった、だから革命とか戦争という特殊な条件が、政治学の対象だというふうに考えられてきた。いまはむしろ、なんにも起こっていないように見えるところが問題になる。そこを動かしてみるということが、むしろ歴史意識と結びついている。歴史の終焉と言われていることとは正反対に、歴史をつくりつつある人間として存在したいと思っているわけです。

磯崎――それはむしろ定義の問題ですね。

いま言ったことをもうちょっと古い言葉で言い直すと、僕は党派的であるということを言っているだけかもしれない。

多木――党派的というのは、人間がものを観察するということは、自分の視点に左右されるんだから、絶対に自分の意思と切り離されないということをおっしゃっているわけですか。

磯崎――基本的にそうです。

多木――そのこと自体は賛成なんです。僕も自分の位置から切り離されていないと思うけれども、その内部でできるだけ自分をずらしてできるだけたくさんの視点をつかんでいって、そして動いていないように見えるところまで自分の視野の中で動かしてみたい。あるいはもはや自分の視野とはいえない多言語状態をつくり出しておきたい。

磯崎——例えば僕が都市とかかわるとしたらどういうことになるか、ということを考えます。かつては都市はヒロイックに構想されてしかるべきだと思われていました。一九世紀の空想的社会主義者に始まり、オスマンの帝政的都市、ハワードの田園都市、コルビュジエの「輝ける都市」、ヒトラーのファシスト都市、それに脊椎都市や卵型都市、そんな単体のようなイメージが一〇〇年余り無数に提出され、一部分できかけ、殆んど放棄されましたが、いまでも都市を構想するとは、そんな類似品を描きだすことだと思われている節もあります。僕は建築家として都市に具体的提案を求められることがありますが、そんな形態学的なレベルでは、もはや都市とは呼べないのではないかと考えています。都市は形態ではなくて様態なのです。だから、都市を考えるということは、僕と無関係なものが複数以上出現してくる状態を考えることだと思うわけです。逆に言うと、僕もそのうちの一つではあるけれども、相手はいつも違っている。極端に言うと関係がない。必要があって、お互いに付き合うとしたら、どういう距離の取り方があるかという議論になる。どっちにせよ、無数の他者がいます。

それは、一つの建築の中にも同じ事態は起こります。複数の個が、一つの建築にも存在する。例えば一つの部屋の中にも複数の壁やほかのメーカーがつくった材料やら僕と関係のない人間やらが入り込んでくるという事態が起こる。追い詰めていくとどんどんわけがわからなくなる。建築の輪郭さえこう問いつめていくと、あいまいになってしまうのでとりとめないのですが、建築物という枠組みを設定すると、都市は出現します。ただそれは、無数の他者として逆に働きかけてくるものです。

多木――しかし、そんなにはっきり無数の他者が存在しているようには、見えていないわけですよ。僕の視点は僕の視点でしかないんだということをはっきりさせることは、他者の認識にもなるわけですから、すでに僕を超えて世界があることを認めることです。つまり、他者との接触があり、完結した状態がないことをはっきりさせること。

ところが、完結した状態がどこかでできあがってしまっているような場合が、現実には多いわけです。その完結した状態ができあがっているのを、完結していない状態に戻すこと、あるいは他者に見えていないものを他者にすること、それを政治学という呼び方で呼んできたわけです。

ラディカルvsコンサヴァティヴ

磯崎――この対談は、六八年の文化革命をいちばん最初に取り上げました。文化革命とは呼んだけれども、革命的なことは起こらないし、通俗的にはすべてがより反動化した時期が、それからあとすぐ起こったわけですね。
以後二〇年たった。社会主義がいちおう終わったと言われている昨今の状況の中で、起こったものが、生き残ったのか、消えたのか、まだ残っているのか、そこらへんがもう一つ気になるところです。

多木——それはそのとおりだと思います。

磯崎——僕は個人的には、六八年で出てきたあらゆるレベルでのプロブレマティックが、ほとんど解決しないでいると思います。解決を阻んでいたのは、社会主義／資本主義の対立みたいな古い図式が依然として残っていたからでしょうね。
表現レベルとか一種の知的なレベルでの革命という点でならば、過去二〇年、かなり展開したのでしょう。だけど、ひと廻りして元に戻るほどの目覚ましい成果は全体として上がっていない。それを閉ざしていたのが、冷戦構造と言われているような一昔前の仕組みです。

多木——ケリがついていなかったということですね。それにたいして、いまなにかそのケリがつきつつあるという気がするのではないですか。それに当時はプロブレマティックといっても、問題を適切な用語では摑まえていなかったかもしれませんね。それ以後の問題にたいしての展望というか、ある感情は表現されたが、論理としてはどうでしょうか。

磯崎——おそらく、革命と呼ばれたからには感情的な高揚はありました。表現領域においてそれを受け継いで《芸術》概念の解体の試みが数多くなされました。コンセプチュアル・アート、アルテ・ポーヴェラ、シュルポール・シュファス、もの派といった還元のうごきが同時多発しました。コンテクスチュアリズム、フォルマリズムなどが建築を解体したあげくに再編しようとしました。パフォーミング・アートの領域でも、変動がありました。だが、それらを支える論理は、自己言及性の悪循環といった袋小路にはいる気がしないでもありません。

多木——磯崎さんのおっしゃりたいことは、こうでしょうか。あの時点で、たとえば資本主義対社会主義という図式が無効になったことがすでにあきらかだった。そこにあったプロブレマティックは二〇世紀にたいする見方を暗示していたかもしれない。だが、六八年以後、とくに八〇年代になってからの資本の成長、成熟、異様な力というものは、想像もつかなかった。そのことをはっきりとは予想していなかった。消費社会というものの登場には気づいていたし、エリーチスムにたいする反発もすでにあった。文化革命だとするとそのことが大きかったのではないだろうか。

ただその後資本の成長とともに非常に大きな問題になってきたのは、人間という概念ですね。たしかすでにフーコーが、人間の概念はこの僅かな歴史の産物で、消失しつつあるということは指摘していましたが、こうした哲学的思考とは関係なく、われわれはかつてのカント的な人間学というものが、この消費社会変容のなかで成り立つのかどうか、と疑ってみさせる非常に不思議な経験をしつつあるわけです。この面では多分、六八年のなかでもはっきりとではないにしても問題になっていたことではないでしょうか。

磯崎――すごく雑駁な説明ですが、六八年で僕がスッとわかったことというと、右翼左翼という思考パターンがなくなったということです。ラディカルか、コンサヴァティヴか。どちらかになっちゃう。物事の基準をそちらに移さないといけない。右翼左翼とは、旧資本主義対旧社会主義というものの対立パターンから生まれてきた思考構造であって、これはこのときにいちおう問題としてなくなった。問題が解けたはずなんだけど、体制としては残った。それが二〇年後に問われているわけです。

いま六八年のときに出てきていたラディカル／コンサヴァティヴという問題に関しては、まだ全然けりがつかないのではないですか。つまりあのときのラディカルを、いま二〇年後、もっぱら資本の拡張から過剰へ、記号の過飽和状態とゆるぎへとか、そういう方向へ促進することとみていいのかどうか。しばらくのあいだはそうみえていたわけですよ。状況はもっぱらそちらのほうへむかって行っていた。だけど、もういっぺん整理し直さないといけないときにきています。

例えば、反公害運動とか被抑圧民族解放運動は、活動の形態はラディカルですが、実はコンサヴァティヴに事態を引き戻すための記号かもしれないわけです。その二つのモメントの対立の関係は、二〇年間、よく見えないままできているようです。

多木――それは賛成です。当時考えていたラディカル／コンサヴァティヴという問題が、あいまいになるというより、ひっくり返ったことになっているかもしれないということでしょう。ただ、やはりラディカリズムは、いまでも残っていていろいろな動きを生み出していると思います。やはりあると思いますね。たとえば社会主義対資本主義という思考の枠を外して世界を見ることはそのひとつですし、建築においてもまったくこれまでの形式概念ではおさまりきれないありようを生み出すのはラディカリズムではないかと思います。これまでの討論のなかで、建築の形式だって危ないものだ、というところまで考えましたね。とくにいま資本との関係で考えるときに、人間を後生大事にするような感情を交えないで考えていくのはラディカリズムの課題ではないかと思いますが……ただその資本の実体がそのころには見通せなかった。

磯崎——そうですね。オイル・ショックなどで、資本の活動が一時的に落ちこんだりしたせいもあって、こんなに急激に様態を変えて支配的になるとは想像もしませんでしたね。

歴史とアルケオロジー

多木——資本のすごい動きがあったのは八〇年代ですよ。マネーが世界中を駆け巡るという状態で、需要と供給の関係では何も説明ができないという状態になってしまった。資本主義対社会主義という図式で二〇世紀を考えると、その歴史は終わったのかもしれない。

だが資本とか人間とか自由とかいう問題は資本主義対社会主義という枠をはずしてもう一回、仮借なく問い直すことは不可欠で、それを志向することをラディカリズムと言うならば、そのラディカリズムは歴史をつくり出す、少なくとも現在を歴史に開いていく方向へ向かって考えていくのだと思います。歴史を終えようとする方向へじゃないと思います。たとえ、それが大文字の歴史でないとしてもです。

磯崎——そこが聞きたいところです。僕もそんな気がするんですが、みんなそう言わないでしょう。というのは、歴史の定義があまりにもヘーゲルにとらわれすぎているからじゃないですか。

多木——そうでしょうね。それだけでなく、解釈学としての歴史学、どうしてこういうことが起こったのかという、できあがったものにたいする解釈の立場からの理解を歴史学と考えてきたからでもあると思います。それはすべて過去のことにたいして、できあがったものとして対応することです。それに対して僕が、これまでも修辞学という呼び方をしてきたのは、歴史を実践としてとらえる論理をさしていたのです。だからときには、ものをただ動かしてみるということだといったりもしましたし、まだ理論化は充分じゃないかもしれないですが、実際に即していろいろやってきたわけです。そのときにある存在や出来事を歴史に開くというのは、過去から未来にかけてのなかに現在を開いていくということです。これを現在の行為にかぎっていうと、歴史をよくわかっていない未来に向かっての実践という状態で捉えていくことを指しているわけです。

磯崎——それはヘーゲルの後でマルクスが言おうとしていた歴史のように聞こえますけど。

多木――そうかな。マルクスは実践的かもしれないが、必然的でしょう。僕が言おうとしているのは蓋然的、拡散的だということです。それに僕は未来を計画しようなどとは思っていませんし。

磯崎――少なくとも、過去の諸事実を並べてみせるというのが歴史というわけではないですね。それは逆に、存在論的に、想起したときに立ち現われてくるもののようにもみえるし、相変わらずランダムで検索すると並び方も変わって見えるとさえ思えるんですね。僕が建築の歴史と具体的につきあうとして、たった今の問題意識によって、同じ事実がまったく異って解釈できるようになります。岩波書店版『桂離宮』(石元泰博撮影)にかつて文章を書いたときに、日本の近代主義者が、桂離宮を解釈した系譜を洗ってみたわけですが、面白いほどにみんなちがっている。そのちがいのひとつに僕もはいりこもうというわけでした。いま多木さんの言われた解釈学としての歴史の枠内で僕は歴史を見ているのかも知れませんね。それにしても先は見えないし……。

多木――確実な先が見えないということに直面しているのを歴史的存在というんじゃないですか。先が見えていないところに自分が開かれているということが、自分が歴史的存在であることだろうと思うんです。先が見えるということが、歴史の問題なのではないと思います。

磯崎――歴史の問題だけではなくて、すべて無理なんじゃないですか、先が見えるというのはね。ユートピアを消し、イデオロギーも排してしまうと、後はポパー的な社会工学を手がかりに計画を編成することしか残っていないんでしょうか。少なくとも実感のレベルでは、常に選択可能な複数の道があって、瞬間瞬間にそのどれかをえらびとっていなければならない。それが未来とつきあう唯一の手段となっているわけですが、その選択のときのダイナミックスみたいなものが、また話が戻りますが、政治なんだろうという気がしてしょうがないんです。

多木——歴史という概念がこれまで形而上学的であることに対して、そういう形而上学から逃れるために、フーコーが〝考古学〟という言葉をつくり出した。過去に起こったことの決定論的な因果関係を見出そうとすることではなくて、分散状態であった状態を発見しようというわけです。

それと同じことを現在について言うならば、現在も多元的な状態でどういう選択をしたらよいのかわからない分散状態の中に自分がいるということが見つかるとき、はじめて歴史が問題になり得る。そういうことをさっきから言おうとしているわけです。

磯崎——平たく言うと、筋道をつけちゃいけないということですね。

多木——あらかじめ筋道はないという意味です。

磯崎——筋道というのは平たく言いすぎたけれども、それはイデオロギーなんでしょうね。イデオロギーは役に立たないと言えばそうなんですが、本当にそうかなという気もある。

多木——しかしたくさんある分散状態の中で自分の立場を選択するというのは、必然的にイデオロギーになるわけです。だから実はイデオロギーという考え方には、本来は他者の存在が含まれている。自分が選択し、筋道をつけ、こっちへ行くんだと決めること自体は、つねにイデオロギーです。でも、それを単なるイデオロギーであると知っているかどうかは、他者の認識があるかどうかという問題になるわけですね。

ビルディング・タイプの組み換えは可能か

多木——そういう歴史のなかで捉えられる人間はいわゆる個性的な意味での個人かどうか、という気もします。誤解されると困るので、ことわっておきますが、それは個人が存在しないもとでも、感情がないことでもありません。磯崎さんだって僕だって、どっちかというと、徹底した個人主義者です。しかし社会全体を考えるときにはちがってきます。たとえば近代建築は、古い人間像の上に成り立ってきたし、それに連続した社会とか都市の観念のなかでその基本的な概念は成立してきたんだと思いますが、そのことが変わらざるをえないんではないか。建築家はいろいろ試行錯誤しながら、建築の概念を更新してきていますが、昔なら、僕もそれぞれの知的な試みの新奇さにひかれましたが、いまはそういうやりかたの根拠の方が気になりますので、あまり形式自体には関心がなくなってきました。だからたとえば個人住宅で、かつてはいろいろな建築の問題への実験が行われたと思いますが、いまではその範囲でやられる程度の差異は社会や人間の枠をゆさぶりはしないことも分かっているわけで、果たして個人住宅が建築の主要な課題になるのかどうか、という気がしています。

磯崎——有効なプロブレマティックになりきれないということでしょうね。ひとつのビルディング・タイプとしてもね。

多木——しかし、ビルディング・タイプの解体と組み換えが起こりはじめているわけでしょう。

磯崎——これは明らかに資本の論理から起こっているものです。

多木——それは資本の論理が人間の価値観を変えてしまうということに直面しているから出てくるんだろうと思うんです。

磯崎——先回までの復習になりますが、ビルディング・タイプは基本的に都市がつくり出し、建築に対して与えてきた輪郭です。大げさに言うと二世紀ぐらい変わっていないわけですよ。そこには社会的空間を編成する際の視点が反映しています。ひとつの例として、都市の計画論をとりあげてみます。これは都市にたいする解釈ともからんでいるのですが、何よりも、その社会が都市に要請している意図に基づいています。たとえば、ここ二世紀ぐらいの間疑われなかったのは、都市空間を住む、働く、遊ぶ、の三つに分割することです。都市における時間もこれに基づいて配分されます。そして、計画される施設は、住宅、事務所(工場)、余暇(文化)施設に分けられ、それ以上の残余はありません。この三つの時間、空間、施設のそれぞれへの配分が都市計画の論理です。

多木――いままでの都市計画はね。

磯崎――それは政府のつくり出す国土計画レベルの文書から地方自治体のみならず、民間ディベロッパーまで同じ発想です。全世界で基本的に変わらない。その三つを種分けしろと言ったのがＣＩＡＭですから、コルビュジエなどの論理がこれだけ全世界に広がったということですね。

近代建築が批判されたと言いながら、それは表層のスタイルだけが批判されているのであって、近代建築をつくり出してきたこの三つの種分けされた空間および時間の配分の原則についての基本的な批判はありませんでした。いわば建築界でのポストモダン論が表層的なものにすぎなかったのは、こんな部分を片手落のまま走ったせいでしょうね。

現在、資本が、もしかするとそれをこわしかけているのではないかと言えます。方法論のほうが遅れていて、事実のほうが進行している。そういう事態が起こっている。これは東京が計画しなかったから逆におもしろいと言われていることと同じことなんですね。種分けをする暇がなかったために、かえって先回りしてしまった。そういう事態になっている。

いま都内で行われている計画は、昔流にもういっぺん三分割してみようというものばかりです。だから、マイホーム東京プランが進行して成立すると古色蒼然たる都市になるという、笑えない逆説が起こるのだろうと思いますよ。たちまち都市が死滅する事態に立ち至る、そういうものなんですね。

ここでビルディング・タイプがもういっぺん問われなければならない。住宅・事務所(工場)・余暇(文化)施設という三つのタイプは、都市の構成要素として、それが全体の都市に組み込まれるために、輪郭や建築形式や、ときには様式にいたるまで社会的に承認されたものとして決められていました。形が自然にできあがってきたわけですが、これをどういう手掛りでもういっぺん編成し直せられるのか、あるいはし直したとき、何に適合するように直すべきか、そのロジックは、いまのところ、ないのです。

多木――しかしさっきの異質物の混合状態とか、多言語状態を隣接性にまで設定してしまえば、三分割はほとんど意味がないですね。

磯崎――ことはそこなんです。意味がなくなっているはずなんですが、われわれが社会的に所有している手段の体系は、銀行の融資の仕方から採算計算の仕方、自治体での予算の取り方にはじまって、利用する組織や機関が全部これにならっている。これは構造として社会の総体のなかで働いています。

ですから極端に言うと、見たことないようなぐじゃぐじゃのプランを出すと銀行はお金を貸してくれない。それはできないことになる。それじゃ何ならできるかというとたとえばマンションです。マンションには計算の理屈があります、しかも、売れます。政府や会社がその取得を推奨し保証しています。銀行は安心です。そしてどんどん建つ。ですからオフィスはオフィス、マンションはマンションと別個の計算の仕方がなされています。それは背後に、これを利用し、経営し、維持する社会的システムが成立してしまっていることを意味します。そういうあり方をこわすのは、社会学なのか、政治学なのかわかりませんが、おそらく都市計画なんじゃないかという気はします。しかし、いままでの都市計画の結論は、どんな厚いレポートを見ても、すべて近代都市計画のロジックしか用いていません。

僕がいま一番関心をもっているのはこの点です。こわす方法はわかるわけだし、こわした後のイメージもわかるのですが、現実化する手続きができあがらない。最後はすべてお金が保証するわけですから、そこに先ほどの資本の論理が強力に働いている。

多木——一方、フィジカルな建築ということの意味がどんどん希薄になっていく現象があるでしょう。

磯崎——そういう問題に比べたらマイナーな問題ですよ。もちろん色が美しいとか形がきれいというレベルは、建築プロパーの議論として残ると思うけれど。

僕は日本で、世界に先駆けてできあがっているビルディング・タイプがあると思うのです。まず一つはバーが地下から一〇階まで並んでいるペンシルビルです。これは世界にありません。それから、パチンコパーラー、ウェディングパレス、ラブホテル。これらは『へるめす』でも度々取り上げてきたビルディング・タイプの問題であるのですが、大きく言えば商業ビルという領域に入る。それらは都市の中でキッチュとして生まれてきた部分です。そういうものはありますが、それは末端の現象であって、ビルディング・タイプを基本的に変えたことにはなりません。

ディーリングルームとラブホテルとスポーツジムが立体的に入り乱れてできあがっているビルがあれば、これはまた違ってくるでしょうがね。

遅れてやってくる建築と都市

多木——外国の場合、ビルディング・タイプはいまだに変わらないことが多いでしょう。孤立したフィジカルな建築に対して信頼感がまだある。例えばパリのグラン・プロジェはその典型です。ところが、日本の場合、都市がカオスであったり、混沌としているということは、いままではマイナス要素として考えられてきた。

でも、今後、そういうヴィジュアルでフィジカルなオーダーは、都市計画の中でさほどの支配的意味をもたないのではないか。例えばトランスポーテーション、コミュニケーションのシステムは成立する。だけども、それらはインフラで見えなくていい。ある意味を持った視覚的秩序、極端に言えばピクチャレスクなシステムは、ほとんど意味をもたなくなっている。そのほうが、都市がこわれない。しなやかな都市ができあがる。

磯崎——東京の場合は仕方なくそうなった、とみんな思っているわけですよ。

多木——事実、いたし方なくそうなったのだけれども、都市計画における多元的で、構造とも言えないような構造をもったものを考えることを可能にしたのは、テクノロジーであり、資本であるわけでしょう。
そして、もし都市の姿をたどることによって歴史をたどるとすれば、それは古代の都市から一九世紀の都市、コルビュジエのユートピアまでつないで考えた場合、大文字の歴史と呼んできたものとパラレルになる。つまり、都市の歴史がだめになって、それと同時に大文字も終わりになった、ということだってできるわけです。たとえば東京にフィリップ・スタルクのとんでもないビアホールができましたでしょう、隅田川の縁に。あの隣にこれまたアホみたいな近代ビルが軒を接して建っているわけですね。この出現の仕方をみていると、東京という都市の発生し群生する状態が手にとるようにわかる気がしましたよ。
同時にそこにある歴史のありかたが出てきている。それに照らしあわせると、フィジカルに見えていた古代からコルビュジエのユートピアに至るまでの都市は、都市という概念のごく一部分の選択だったのも明らかですね。

磯崎——そう解釈したほうがいいでしょう。都市を計画するものとしてとらえる視点は近代というものが生み出した都市のコンセプトでもあるわけですね。

多木——それと同時に、人間の形而上学的歴史全体も近代がうけついだ。それに対していま違う歴史、あるいはアルケオロジーと言ってもいいような考え方が出てきたことと、都市がフィジカルな実体性を失い、秩序を失ったほうが効率よく機能するかもしれないといったところに到達していることとは、おそらくパラレルになっているのじゃないかという気がします。それをアナーキーという人もいるかも知れないが、そのアナーキズムはきわめて積極的な意味をもっている。

磯崎――おそらく、クリストファー・アレグザンダーの「都市はツリーではない」(一九六一年)以来僕もその頃「見えない都市」を考えていたわけですが、約三〇年過ぎてその間にリゾームやフラクタルやゆらぎなど数々の流行があったのですが、そこで明瞭になってきたのは、無秩序で流動的で虚実いりみだれた記号の海として都市が出現しているものを、理論的に分析し、これを計画論に組み込むことは可能か、という点にしぼられてきつつあるように見えます。「ディスプレイスメント」(アイゼンマン)、「ディスプログラミング」(チュミ)など最近の提案もその一部です。問題はその後です。計画論の手つづきをその理論で再編できるだろうか。そのあげくに、ここに組み込まれる建物を建築として成立させる根拠を与えうるだろうか、そんなところに移行するのではないでしょうか。

言い換えると、先ほどからときどき出ている言葉で、「建築的なるもの」、あるいは「建築性」といったものが、まったく違って見えてきている、だけど、建築性というのは大きい意味で、建築を保証するための概念として存在しているわけだから、大文字の建築のほうのレベルは残っていて、建築性の定義、あるいはイメージが豊富になったというか、変質したと言えるように思います。

だけど、フィジカルな建築は反動的だとさえ言われている。建築は元来、後衛のレベルにあって、とりわけ都市がそうだと思います。極端に言えばパリの場合、本当は二〇〇年前の革命のときにできあがっていなきゃならないコンセプトが、二〇〇年後にやっと形をなしたというぐらいに、都市のできあがりはおそい。建築もつねに一〇〇年後ぐらいにできあがる。

なぜかというと、建築をサポートする社会システムとか、生産のシステムが全部入れ換わってくれないと建築に現われてこないし、もちろん都市にはならない。ですから、さっきの新しいタイポロジーを建築の中に組み立てようということは、総体の中で言うとかなり後衛の部分でなされている議論ですね。

多木――いまの磯崎さんの話だと、社会的システムが完全に変わらない限り、フィジカルな建築もフィジカルな都市も変わらないという意見ですね。

磯崎――そうです。表層的にマイクロチップ風に建築をつくるとか、ハイテク風のデザインをやるとか、これはいくらでもできるけども本質的に変わったうちに入らない。

多木――この社会的システムは社会全体の制度の問題のように見えるけれども、同時に、それはもっと根本的に人間と人間との関係の持ち方であり、したがって、それは人間の価値観の問題でもあるわけです。そのへんのところを総ざらいして議論しないと、社会的システムは変わりっこないわけです。

磯崎――そのとおりです。

多木――それが変わらないと都市も建築も変わらない。

磯崎——最終的にはね。新宿の超高層が未来世紀に見えるとか、パリは二一世紀の都市計画だと、そういう議論がやたらとあるわけです。

多木——それはジャーナリズムの議論でしょう。

磯崎——そうなんですが、それがかなり一般化している。それがかなりずれている話だということを説明するのは困難でもあるのですが、事実そういう感じです。

再び問われる人間!

多木——現実に、コンピュータが入り込んだだけで人間のあいだの関係は変化しているわけだし、人間が自分の実身体というものに対してもつ考え方もずいぶん変わってきている。例えばスポーツ選手のドーピング問題もあたりまえの問題になっている。それに対してアンチ・ドーピングの考え方がつねに登場してくるのは、かつての人間主義というものが、コンサヴァティヴな形でつねに人間の世界を合理的に成り立たせようとする、世界の変容が実の身体にまで及んでいることを隠蔽しようとするその合理化のあらわれによるものです。ところが、いまの人間の関係とか人間の実身体は、そういうような意味での合理性ではとらえられなくなっている。

磯崎——例えば、ディズニーランド、そこで最近つくられているアドベンチャーは、死なきゃいい、けがしなきゃいい、気絶してもそれまで、というところまでやろうとしているわけです。気絶寸前というところが一番いいわけです。そういう限界を超えたレベルがいま求められています。これは五感の問題であって、人間の問題じゃないかもしれない。しかし、人間をそういうふうな極限状態に追いこむというのはおかしいという、別なレベルでの議論はあるはずだと思うんです。にもかかわらず、やろうとしているし、これがいまもっとも求められている。

多木——それは五感の問題というよりも、一種のめまい体験だし、めまい体験は、有名なカイヨワの遊びの四つのカテゴリーの一つに属する。とすれば、それは人間の概念に関わっている。めまい体験とか、安全は保障されているんだけれども、ぎりぎりのところまでやるというのは、単にそこで味わう五感の問題というより、社会全体にかかわる大きな問題を含んでいるのではないか。

磯崎——設計をやるものとしては、建築のみかけの変化など大したことではないと思います。が、感覚を建築を介して拡張することには魅力がありますね。それと同時に、これも六〇年代末に出てきたことですが、野原へ行って寝ていたいということもまたあるわけです。六八年にはすでに高度に展開したテクノロジーと完璧な自然との共存というイメージがあった。ピンク・フロイドも、スーパー・スタジオもみんなそれで組み立てていた。どっちもプリミティヴだったけれども、いまもういっぺん別な面でこのイメージは起こるだろうという気はします。

多木──例えば、いままでに人間が自分の現実と呼んできたものと夢と呼んできたもの──ないしは無意識と言ってもいい──とのあいだの区別さえだんだんつかなくなってきたわけでしょう。めまい体験は夢の中の体験とまったく同じ体験ですからね。去年の後半に経験した世界の大きな変貌というのは、残骸であった資本主義対社会主義、右翼対左翼というものの崩壊であって、事実はもっと根深いところで進行していたものが実はそこまできていた、ということなのでしょうね。そして、取り残されているのは、社会システムであり、都市であり、建築でありということだった。そうすると、人間はこういう状態があるということをはっきりさせることが、むしろ政治学の役割になるんだろうという気がするんです。

フランス革命では、あらゆる言語が政治的になり、あらゆるイメージが政治的になったということを分析するのが革命の政治学だとするならば、現在、政治学は、夢と現実のわけのわからなくなっている状態を全部明らかにし、なおかつ人間が因果関係ではない、あるいは形而上学ではない、歴史──分散状態として存在する多様な選択とでも言うべきもの──の前に立っていることまでを明らかにすることだと思うのです。

磯崎──そうすると宮崎某が一番政治家にみえてしまうではないですか(笑)。

多木──というよりも、一つの兆候的な出来事でしょうね。

磯崎──価値判断を抜きにして兆候です。

多木――建築にしても都市にしても、形式を論じ、機能を論じることができたときには、人間にはほとんど手を触れないですんだわけです。

磯崎――建築は住むための機械にすぎなくなった。単なる容れものですからね。

多木――ＣＩＡＭの時代には、人間そのものには触れなかった。近代人をそのまま素朴に信頼できた。それが怪しくなったことがはっきりした最初の兆候が六八年だった。六八年のラディカリズムが、そのまま行方不明になったようになったけれども、もういっぺんここではっきりさせられるようなところへきたのではないか。そして、そのときにはタブーだった人間に触れないわけにはいかない。

磯崎――だけど、六八年は「人間」の死が同時に語られた時代でもあったわけです。人間を遺伝子の確率的な組み合わせの製品とみることもできるようになったし、旧来の「人間」という概念も単純に歴史的産物で、それさえ疑問視されはじめた。確実なことは、人間の成立の確実な根拠が不明になってしまっていることです。

決定的な根拠は見つからない

磯崎――僕の実感ですが、人間には、フロイト的でないレベルでの快／不快の原理みたいなものが実はあって、それが単純に再編成されていけば、それで片づく場合が多いことです。それ以上深刻に立ち入らないほうがいい。そうでもしておかないと、思い入れやらなんやらが設計過程で出現する。こういうものといちいち付き合っていたらきりがありません。そういうふうにスパッと割り切らないと、めまいの世界へ突入できません。すなわち、非現実の世界の組み立てに全力を上げるわけにいかない。

そこでもういっぺん出てくるのは、人間の問題というよりも、エシックの問題だという気がするんです。エシックとは僕もきちんと説明できませんが、人間も含めて世界の内側にものがうみだされ、その在りかたの基準となっているもの、と仮りにいっておきます。

この対談の最初にひとつの課題にしようということになった根拠の問題にしても、建築、あるいは建築的なるものの根拠を追いつめていくと、それは単純にそれを判断するロジックを成立させるエシックというところに行きついてしまうのではないかと思います。人間も同じくそこに行きつくのではないか。それを人間の機械論として解釈しても、あるいは動物とか自然の一部だというふうに解釈するのもいいのですが、それでも周辺のさまざまなものとの関係において、人間と仮りに呼ぶ、あるいは仮りに建築と取りあえず呼ぶときの「取りあえず」を成立させる。

多木――保障する。

磯崎――そう、それを保障するものとしてのエシックです。しかし、そのエシックに行きついちゃうと、それから議論が展開しないんじゃないかという感じもします。エシックと言ったとたんに、なんとなく壁にぶつかる。
そうなると決定的な根拠は見つからないわけですから、決定的な根拠を見つけようというわけではなくて、それをどこまで見つけておくかというところで、エシック、そして歴史さえが成立する。歴史に向かって開いた状態をつくり出すのがラディカリズムだといったけれども、結局は、歴史に開くということは、取りあえずの根拠として何かひとつのものをもってくる。それは時間の系列で考えるから歴史だし、空間の系列で考えれば他者です。内側の問題として考えればエシックになるということかもしれません。

多木——磯崎さんはあるところで、とりあえず根拠となるものを仮定することで、とにかくものが動いていく。その次元が浮いているものであるにしても、そこをまず手掛かりにしないとならないというクールな考え方をとろうということですね。それにはある程度は賛成します。でもそのことは安心することではないですね。私が記号論をはじめたころに、記号論とは根拠のない世界についての方法で、それは不安の選択でもあるといったことがあるんですが、それとつながっているのかな。磯崎流のエシックというのをそういう不安、不確定を選択した上と理解していいなら、賛成ですがね。

空虚感を克服する?

磯崎——前に言ったように、僕はディズニーと付き合っているわけです。ディズニーの仕組みは、ボードリヤールがいくら逆立ちしても、全部先取りされているようなものです。たとえば、フロリダ・オランドにあるディズニー・ワールドはいま急激に拡張されていますが、その計画の根拠を彼らは、世界中の人間が一生に一度は来たいと思うだろうという点においているわけです。世界の人口はいま五〇億です。一生に行ける可能性のある年を五〇年と見れば、年間一億来ていいはずです。一億人を収容する施設、しかも滞留時間が一週間ぐらいになる施設をつくり出そうとしているのです。

ここにあるものは全部フェイクだということです。コピーがあって、そのまたコピーをつくるだけで、本物が一つもないところで成り立ったものです。

いつもそこで思うのは、まさに根拠のまったくない世界で、その根拠のないものを根拠のないようにつくるということの説明は非常に困難です。しかも、コピーのコピーのほうがはやるであろうと予想される。事情は奇妙な関係になっているわけです。

僕の場合、国内の仕事で一番困るのは、ゴルフ場のクラブハウスです。つまり何を手掛かりに建物を組み立てるべきか。その手掛かりがない現代における建築の主題喪失をそのままあらわしています。多くの場合、民家風でとか、ヨーロッパのなんとかスタイルでとか、和風でやりましょうとかいうことでお茶をにごしている。ラブホテルのでき方と同じです。要するに無根拠であるがゆえになんでもできる、ファンタジーでさえあればいい。そしてなんでもできるときには、借り着のほうがより有効であるという、そういう単純な論理が生まれるわけです。

たとえば、これまで三軒やったのですが、最初はクェッション・マークのかたちをした建物で、日本人が何故ゴルフをするかわからない、というジョーク。ついで切り倒されている巨大な杉を運んでかつての森を鎮魂する塔をもってくる。最近のものは過剰なまでにステンドグラスをいれたりする。要するにばかばかしいことをやらなきゃいけない。そのときに、僕にとってはばかばかしさにどれだけ耐えられるかということだけが問題なんです。それはディズニーと付き合うときも似ています。

どうしようもない空白感、空虚感は、これからあらゆる建築が、今後できあがっていく過程の中で背負っていかなきゃならないはずです。建築家はみんな忙しいんでしょうか。こんなつまらぬことを考えている暇がなくて、どんどん同じスタイルを再生産してカバーしている。それの成立レベルを問いはじめると問題が厳しくなってきます。もっと追い詰めていくと、ハイデッガーの言うホームレス、おぞましい状態と徹頭徹尾付き合わなきゃいけない。永遠にホームレスにならざるを得ない状態で仕事をする。

多木——ただこだわるようですが、エシックというのはストラテジーではないんですか。そういう意味では大変主観的な哲学に近づくんではないかという気がするんですね。この主観性の哲学というのはこれまでの哲学とどうちがうのか、またこの前、話していた形而上学とはたして同じなんですかね。

たしかにストラテジーとしてのエシックというのは他者の認識と歴史の感覚をもってないと不可能なわ

けですから、そこにちょっと釈然としないものが残る。他者とか歴史とかは、主観性の哲学の向こうでないと見つかってこない。そのときには、おそらく空虚という問題、あるいは根拠がないという問題は、主観的な問題として登場してこないという気がする。ハイデッガーも、たぶん主観的な哲学を越えようとしていたんだろうけども、越えきれなかったという気がするわけです。現在、どこかで主観とかかわる哲学でないものをつくらないといけないんじゃないでしょうか。

磯崎――前に多木さんが、建築家は古代的なものにとらわれているんじゃないかと言われましたが、建築家の心理の深層としてはそこにかかわると思うんです。古代的なもの、古代からあるもの、変わらないもの。不変なものでもいいですが、それにかかわらないと落着かない。そうすると、スピードとか消費というまの資本とテクノロジーの論理にかかわる要因を、一切合財消さないといけないわけです。消したら建築家は、欠落部分がどうしてもあらわになってくる。これを建築家が人生論的に処理していくと、最後には幾何学な問題として露出していくべきだということにたいがいなってくるし、無意識に動かないものに向かっていく。

僕は、もっとも動かないものをディズニーのプロジェクトの中に仕込むわけです。例えば太陽の影、向こうとしてはあまり本質的でない部分に、こちらはかなりエネルギーを使っている。ディズニーと関係のないもの、コピーではないもの、を逆に思うわけです。でもこれは、こちらの矛盾でもあるわけですよ。

そしてこの関係は、無限に反復するんじゃないかと思う。

多木——そうでしょうね。建築家でない場合は、それが一番端的に人間の生と死の問題にかかわってあらわれてくるわけです。そこでどういうふうに考えるかという問題は、現存在が空虚であればあるだけに登場してくる。

磯崎——例えば、フロリダのディズニー・ワールドなどを見ていますと、太陽とプールとコカコーラがあって、フェイクと付き合う、極端に言うと、それだけしかない。そこで時間をつぶさないといけないわけです。僕には、何万という人が時間にじっと耐えているように見えるんです。これは一体、どういうことになっているのか、僕らがつくるものは、彼らが時間をつぶすための道具、時間つぶしを提供する仕事なのです。

これから後、余暇領域がふえてきて、極端に言うと、働くことが余暇の一部であるという具合になって逆転してくるはずです。そうすると、先ほどだした三つの空間分類が成立しなくなったような状態で何かが起こってくる。そうなると何を創ればいいのか案外むずかしい。しょうがないから、目まぐるしく時間をつぶすような仕掛けをどんどん提供する。いまはそればっかり考えているんです。

僕がいま一番関心をもっているのは古代ローマで、なぜ大きい施設ばかりつくっていたのかということです。あそこでなされたものは、いまから考えたら、スポーツとエンターテインメントです。それが社会の仕組みの中核にあって、都市をつくっていた。その揚句は恐竜のごとく消えました。われわれの文明もそういうものかどうか。九〇年代が二一世紀の一部とすると、いよいよそういうことになるのかどうか、僕にとっては一番おもしろいテーマではあります。

ゲームとしての批評

——多木浩二

対談はとりあえず主題を設定し、時間的制約の中で議論をするが、そこで取り上げられた問題の方は終わることがない。今回は、磯崎さんの希望でこの二十五年を五つに区切って五回議論することになったので、ひとつひとつの時期にあった問題を検討し、整理し、結果としては最後に今の関心ないしは状況が議論されたように見えるかもしれない。しかし果たしてそうだろうか。私はこの対談のなかで出てきた、互いに矛盾することも大いにありうる主題は、適当な解決などないまま、矛盾として残りつづけると思っている。われわれは(少なくとも私は)矛盾したいくつかの視点を同時に抱え込まざるをえないし、そのような非整合性は建築を考える上で不都合をもたらすとは思わない。われわれは建築を思考する方法自体を変えてみようとして議論してきたのではなかったか。

一例をあげておこう。磯崎流の表現でいう「大文字の建築」は、私のいう建築の建築性とそう遠くはないだろうが、その差異はともかくどちらの場合も(仮説的にしろ)、建築の理論的な自立性を主張しているように見えるだろう。そのかぎりでほとんどかつての芸術の前衛の主張にひとしいように聞こえるかもしれない。しかしそれほど無邪気である筈はない。建築が、空間の特殊に組織された状態をさすと考えると同時に、必ずしも建築からなるとはいえない高度に発達した技術に構成された現代社会の中で、ほかのメディアに比べ建築は前衛どころか後衛たらざるをえない。少なくともここ数世紀、維持してきた建築の概念も消滅しつつあると予感させるほどの現実の変貌があることも否定できない。このふたつの認識(大文字の建築と後衛性)は建築を別の分光器にかけた結果である。対談の最後の章で議論しているのはこの異質な相であった。それは解消できる異質性ではないし、そのどちらか一方から考えることにより大きな意味があるとも思えない。

私は、この対談を始めるかなり以前から、建築の現場(現実)とはほとんど関係しなくなり、建築家たちの世界はある意味では遠い世界になってしまっている。私の議論がメタフィジックに見えるとするとそんな理由もあるかもしれない。しかし国外国内を含めて限られた何人かの建築家には、今も、興味をもっているし、たぶん今後も彼らについては考え、かつ書くことになるだろう。その理由はきわめて明確である。なによりも建築や都市という具体的なものを介さなければ見えてこなかった思考の領域は、考えるに値するからである。磯崎さんとの対談では、このような領域は共有しようと努めたつもりである。

対談した内容をいたずらに補足するのは野暮なので、多くの誤解をうけそうなこともそのままにしておくことになるが、ただ一点だけ、自立性の主張と見られかねないものの正体はあきらかにしておきたい。そのことが、ここでなにを語ろうとしてきたのかを解く、ひとつの鍵になるように思う。

そのためには、現実の建築やそれにかかわる思考が、建築家が意識するといなとにかかわらず、ある巨大な力のなかで形成されることを強調しておく必要があろう。この力を対談のなかでは仮りに資本といってみたが、それは建築がおかれる社会的状況を示唆する一種の経済学的メタファーにすぎない。同じ力は、心理学的にはリビドという比喩の方が適切であろうし、政治学的比喩として権力と呼んだ方がいいこともある。つまりこの力は、多層な世界のそれぞれの場面に変身して出現しつづけるのである。このように考えたときに、はじめて私は都市というものに、可能なかぎり、広範な定義をあたえることができそうに思う。つまりそれはこのようにさまざまな次元の比喩に言い換えることの可能な力が集中的かつ不均質に活動する場である。

われわれはこの多様な力の場を、なんとかして把握したい。そこでさまざまなシステムを仮想し、ゆるやかな記号論を考察して、この生成力、破壊力、情報の蓄積容量、等々を測定しようとする。だがそれらは、いずれも、実体的な根拠のない世界を、いかにして理論的に扱うか、その方法を考えてみることにほかならない。建築が、この実体的根拠の喪失した、しかし確実になにかを生起させる力の場にあってなにものでありうるのか、という問いも、こうした理論的関心と無関係ではない。

この都市は、現在という歴史のある段階の力の場である。この都市はかつてそうであり、つねにそうであるというものではない。われわれは歴史意識というものをどのようにもつか、歴史をどのように考えるかという思想的な問題と触れあっていることにもなろう。このことは(対談のなかでも登場した)歴史の終焉という話題といかなる関係にあるか。私はその問題にまともに答える能力はないにしても、少なくともそれが歴史の捉え方に関係する、ということはできる。

現在を非整合的に開いた状態で把握すること、つまり世界を多様にして完結しないものと考えること自体、すでにある歴史的な力に自らを開いていくことである。都合よく纏まっていく歴史は、もともと形而上的虚構なのだ。歴史の意識とは、可能なかぎり、この形而上学を脱して、現在に向き合う意識であると仮定することができる。

われわれは思想家ではなく、具体的な事象にかかわる人間であるから、抽象的な概念として都市を考えているのではない。現実にわれわれは、たとえば東京という都市の歴史の現在のなかにいるが、この都市をなんと呼んでいいのか、よく分からない。錯乱した都市なのか、あるいは近代的な都市の限界を超える超近代都市なのか。それともいわゆるアジア型の村落的性質を空間にも人の心にも残しつつ、巨大な経済機構とスーパーテクノロジーがすみずみまで入り込んで泡のように肥大した奇形の都市なのか。その諸現象は消費社会というべきなのか、ポスト消費社会を予告するものなのか。そのいずれでもあろうし、そのいずれかには分類しきれないのである。それはたしかに充分計画されたことがないまま、大きくなってしまった都市であり、現在でもその部分は互いに脈絡なく、つくりかえられ続けているものなのだ。西洋の近代都市が変容する世界に適応できなくなってきたことが判明した時点で、それを超えた都市に見えるようになったのもたんなる錯覚かもしれない。ともかくその実体は判然としないものの、すでに触れたような異様な力の場と化していることだけは確かなのである。

要するにわれわれの問いは、このような都市のなかで建築をつくるとは一体なにを意味するのか、ということであろう。どのようにすれば建築が意味のある行為でありつづけることができるのか。あるいは意味のある行為とはなにか。

自覚的な建築家のストラテジーを支えているのは、その答えでなく、問い以上ではない。磯崎さんが批評的なプロジェクトと呼んだのはこのゲームにほかならない。それは、都市という力の場と、批評というもうひとつの人間的能力とを、矛盾しあうまま関係させるゲームである。もし磯崎さんのいう大文字の建築がこのような意味でないなら、一体、われわれはなんのために議論をしていたのか、私にはわからなくなる。

磯崎さんとの対談を通じて、細部まで意見が一致したとはとても思えないが、建築の自立性を主張しているのでなく、建築に批評を見る点では一致していただろう。それは程度の差、方法の違いはあれ、建築とは組織された空間のある特殊な状態であり、かりにそれが都市のなかでたんなる断片的部品にすぎないように見えても(事実断片であっても)、そのことは建築にとって致命的なことではない。少なくとも私には、すでに触れたような力の場を視野に入れたとき、そうでない状態(自立、整合、完結等々)の方が想像しにくいのである。それは都市のなかに消失してしまうのではなく、かりに断片であるとしても、人々に新しい知覚を経験させうるかもしれないし、ある感情や認識を喚起することも可能である。それ自体としては考えられにくくなったときに、この力の場の矛盾とともに生成する建築を、この場をダイナミックにするゲームの一部分として見ることはできないだろうか。それがこの対談を通じて語ってきたことであったと思う。

さらに二〇年後のいま——岩波人文書セレクションに寄せて

1

歴史年表において一九六八年のつぎに一九八九年が記されていてもおかしくあるまい。この二〇年間、歴史は宙吊りになっていただけなのだから。

「歴史の落丁」と呼べるだろう。

対談『世紀末の思想と建築』で多木浩二さんと語り合った後、こんな無茶を私はいえるようになりました。大塚信一編集長の企画でした。ベルリンの壁が崩壊し、二極対立の世界が終りつつあったまさにその年、雑誌『へるめす』誌上に連載されました。歴史的事件など予定して起こるものではありません。後になってふりかえると筋道がみえてくるけど、そのなかにいるときは思いついたことをやみくもにやっているだけです。建築や都市にかかわる仕事の現場にいると、多くはむこうからやってくる。ひたすらこれに対応して走りまわる。考えをめぐらして、事態を整理する余裕なんかありません。

今年の春逝去された多木浩二さんは、この夏傘寿（八〇歳）になった私と同年輩ですから、宙吊りの二〇年間は、それぞれ四〇代・五〇代にあたります。いわば中年。自分の仕事をきっちり仕上げねばならない時期です。個人的に私は還暦を間近にみて、満足できる仕事ができたという実感がまったくありませんでした。海外では少しばかり認知されてきました。だが、建築のデザインをやりながら、世界から〈建築〉が姿を消しはじめている。都市を論じていながら、その場では国家の役割が弱まり、資本が圧倒的な力を持ちはじめそうだと感じていました。「見えない都市」（『展望』一九六七年二月号）で予感はしていたけれど、暴れはじめた投機的マネーのうごきをみると、職業的な疎外感が強くなってくる。その二〇年前に不惑の年に到ったとき、ＥＸＰＯ'70につき合って、心身ともに挫折しました。あげくに戦略を組みたてなおして、建築を社会的文脈から引きはなし、自己言及的にこれを文化的文脈だけにしぼりこむことだけに専念することにしました。これは奏功したかにみえたけれど、それは歴史が宙吊りになっていたためではなかっただろうか。こんな疑問が内側に渦巻いていました。

多木浩二さんとは、六〇年代のおわり頃、批判者・被批判者の対立した立場で知り合いになりました。私はＥＸＰＯ'70で白紙状態からプランをつくる仕事に組みこまれ、そのうち、これが国家的祝祭イヴェントへと政治的に編成されていく過程に戸惑いながら、足を洗うことができず、批判の的にされていました。このときもっとも鋭い批判のロジックをもっていたのが多木浩二さんでした。個人的にはそのロジックに共感していました。しかしおもてむきは国家的祭典を支配する権力の側にいざるを得ない、股裂き状態になりました。あげくに「戦争遂行に加担してしまったような疲労感」に襲われ、私は心身ともに挫折。

私たちがそれまで学んできたのは、建築＝都市＝国家・合体装置を「計画」することを使命にしていたテクノクラートとしての建築家のあり方でした。その等符合を切りはなし、建築だけを文化の文脈へ接合する、こんな戦略に切り換えたのです。この苦しまぎれの選択を理解してくれたのは多木浩二さんだけでした。多くは「都市から撤退する」とは何事だ、といった紋切型の批判で、万博参加への批判の裏がえしでしたから、受け流せばいい。私には情況が変化したのだという思いもありました。記号論的文化論がその頃、共通の場として国際的に語られはじめたためだったろうと思われます。六〇年代のおわりごろ、多木浩二さんは、いまでは世界の美術館が注目している写真家の運動体『プロヴォーク』を組織し、後にその写真論を発展させて『天皇の肖像』(岩波書店、一九八八)を出版します。これが多木浩二さんの代表作となりました。日本の天皇はそれまで制度としてしか論じられてきませんでした。ここでは文化的記号として、統治の技法となるまでにその肖像が機能していたことが抽出されています。3・11後、天皇のふるまいなどにからみ「王の身体」があらためて議論されるようになりましたが、その予告のようでもあります。彼の射程は時代にさきがけて突き抜けていました。私たちの対談の最後につけ加えられた「ゲームとしての批評」も同様で、その最後の節で、「この力の場の矛盾とともに生成する建築」と記されています。次の二〇年間に起こるべき事態をやはり見通していると私には思えます。

この対談で話題にしている、いささか支離滅裂で思いつきばかりの数々の私の仕事を思いかえせば、私は、ひたすら近代がやってきた整然としたロジックに「反」をつけてひっくりかえすことばかりやっている。七〇年初頭の挫折は、私の心身が陥った危機であるとともに、近代日本を「計画」してきた建築が「死」んだことにもよるのだと思っていました。わたしはその自壊に同調させられたらしい。あげくにこの社会を主導しうごかすはずの主題がみえなくなった。「主題の不在」(『建築の解体』美術出版社、一九七五)です。その後に語られた言葉をつかえばこの「主題」とは「大きい物語」といってもいいでしょう。ものを創る際の決定的な根拠が無いのです。その空白に立ちむかいながら、それでも事物の生成に参画するにはどうしたらいいのか。こんな不安を抱えこんでいたのです。

七〇年代・八〇年代の二〇年間では、世間が注目してくれる度合いに比例するように内側に空洞がうまれつづけました。その治癒には、奥底にうずくまるような何か、おそらく心的傷痕(トラウマ)を語るしかないことは自覚していました。私たちの心身の状態は、それが世界に包まれていることによってはじめて成立している。この世界と一定の均衡が保たれていると、微細な事物間のズレしか感知できません。内部の空洞には変動のきっかけがうまれない。その関係を掘りかえしているのが批評だ、と理解していました。職業的にデザインをやるということは、身体を介して外界と感応することであり、さらには交感からあらたな思考の作動がはじまります。無意識がそれを突きうごかしている。いっぽうで身につけた手技が、ロジカルな意識の判断をたよりにはたらきます。外部にあるシステムにこうして身体がつながっている。社会的装置となっているテクノロジーに組みこまれ、これに所属しているのです。八〇年代のおわり頃になって、外界としての世界が変動する兆しがみえはじめました。対談はそんな予兆を感知しながらはじまりました。私はやっとそれまで夢中で走った四半世紀を突きはなしてみられる気がしはじめました。多木浩二さんがそれを受けてくれる唯一人の相手でした。委細を知った『へるめす』編集部が段取りをやってくれたのです。

あげくに私が理解したのは、ポスト・モダンと呼ばれ、百家争鳴のようにみえていたこの二〇年は、「死」を宣告されたはずのモダニズムが、未遂のまま宙吊りとなっていた。いいかえると死刑台のうえで意外にも陽気に愛嬌をふりまきながらばたばたし、微妙な振動を、消費の欲望や差異の産出というスローガンによってざわめき、つたえていた。そんなざわめきを「小さい物語」とよんでいたようだ。私の仕事の領域にひきつけていうならば、一九六八年の世界文化革命が未遂のまま、国家が主導した「計画」も無効になった。テクノロジーが作動させて資本が、「投機」というランダムで確率的に発生するさざ波をかきたてつづけている。一九八九年の二極対立の崩壊を機に、世界の変動が表面化した。そこでヘーゲルの「歴史」が再考されて、あらたに「歴史の終り」が語られはじめる。つまり、ポスト・モダンの二〇年とは「歴史の宙吊り」だったといえるのではないだろうか。

ここでちょっとだけ註釈を加えておきます。八〇年代の数々の論争において「大きい物語」＝「歴史」が失われた事態が語られるにあたり、アレクサンドル・コジェーヴの『ヘーゲル読解入門』の〈注〉がしばしば引用されていました。コジェーヴによる一九三三―三九年度の「精神現象学」講義に、本人が一九四八年頃にアメリカ、一九五九年に日本を旅行したことから加えた〈注〉ですが、歴史が終った後の世界について、アメリカ的生活様式にみられる「動物性」がモデルになると記された後に彼は日本では、過去三〇〇年にわたり、「自然的」「動物的」なものが与えるすべてを否定する規律がつくられていることをみて、これを「生のままのスノビズム」と呼んで、ポスト歴史のモデルとみたてる、と記してある箇所です。無根拠とさえみえる「形式」を生きることを生きがいにする生活様式が実践されていることに驚いたというわけです。それが近代が死んだ後の生活様式だとすれば、日本は近代の前から既にその後を生きていたことになる。

私が七〇年代のはじめに建築へ立てこもることを考えたとき「手法論」をいったのは、「形式の自動生成」にすべてをかけることでした。「「人間的」な内容をすべて失った価値」（コジェーヴ）のうえに成立する形式です。そちらの側に移動することは、スターリニズムとして支配的に立ちあらわれていたリアルが内容とされていた五〇年代以来のイデオロギーの呪縛から逃れることでした。

「間——日本の時空間」展(一九七八・パリ、一九七九・ニューヨーク)は、日本列島にうまれていた姿のない空白を感知する形式を展覧会に組むことでした。パリで好評だった理由が後にこのコジェーヴの論を知ってやっと理解できたというていたらくでしたが、ポストモダンの時代にそんな「生のスノビズム」が注目されていたのは、この時代の世界状況が宙吊り状態で、江戸システムそのまんまにみえていたことにかかわるのかも知れません。

2

二〇世紀の時間的な区切りとしてはもう一〇年のこっていましたが、このとき既に二一世紀的なものがはじまりました。グローバリゼーションです。電脳がうみだしたヴァーチャルな世界についても既に語られました。これらの兆候が目にみえるかたちの危機としてあらわれたのは日本においては一九九五年。阪神淡路大震災、オウム地下鉄サリン散布事件、全世界電脳網の成立という巨大な社会的変動でした。世界は湾岸戦争、9・11でテロリスムとその防衛、リスク社会へとシステムが変換されて行きます。あげくに、一九六八年の世界文化革命の四〇年後、二極対立崩壊の二〇年後の二〇〇八年、グローバル化した金融システムが自壊しました。こんな具合に、「別の歴史」が一九八九年にはじまったとみていいのではないでしょうか。対談のなかではたんにEXPO'70後の挫折による個人的危機とされている一九七一年は見方をかえると、当時は情報もありませんでしたが、ネオ・リベラリズムの思想的なはじまりに位置づけられています。その四〇年後の反復が、つまり新しい位相へのシフトが3・11の起こった今年に比肩できると思われます。その思想とはどんなものか。いつ、リアルポリティックスへと持ちあがるのか。それがこの新版が読まれる時代の、つまりいまの問題になっているのでしょう。

世界システムを論じるイマニュエル・ウォーラーステインは、歴史的に一九六八年の世界文化革命の重要性をいう論者のひとりですが、同時にかれはこの一二〇年前の一八四八年の文化革命が西欧世界に与えた影響を指摘しています。それは、カール・マルクスが『ルイ・ボナパルトのブリュメール一八日』で論じた年です。翌年ですがこの革命に同調したドレスデンでの蜂起が失敗してお尋ね者になった二人の芸術家、リヒアルト・ワーグナーとゴットフリート・ゼンパーはそれぞれ作曲家、建築家としてヨーロッパを放浪せざるを得なくなりました。亡命先での仕事は一九世紀的なものの終りに位置づけられてはいますが、思想的・方法的に彼らの仕事から二〇世紀的なものがはじまりました。ゼンパーはいまゼンパー・オーパと呼ばれる新館の設計図を送りとどける。ワーグナーはバイロイトにもっと簡略化された祝祭劇場をつくる。いずれも不本意なものでした。だが流浪のなかにあって、ゼンパーの建築を物質的形式性に整理した著作が二〇世紀の機能主義の基礎になる。予算不足で簡略化されざるを得なかったバイロイト祝祭劇場が観客を平等配置したところが二〇世紀の均質空間のなかでの劇場モデルになる。こんな思考が、生活状態が「宙吊り」のなかでなされていたのです。

ヨーロッパの一八五〇年代、六〇年代はマルクスの分析をみるとやはり「宙吊り」、それも反動的な状態だったようです。柄谷行人氏はそれを反復強迫といっています。一九九五年に地すべり的に世界が別次元にシフトするまでは、一九六八年の反復強迫にしばられていたと私は感じています。つまり、この対談はそんな文化史的な事件を思想としていかに理解し、それに対処してきたかを批評家、建築家の立場から語り合っていると読んで下さい。大げさにいうと、多木浩二さんがしていたのは、記号論的文化論の探索でした。私は一九六八年の体験を再語りすることによって、あのとき受けた心的傷痕のセラピーをやっていたのかも知れません。反復強迫は社会的システムについてだけでなく、個人史のなかに、いやこちらにこそ根強くあるように私には思えます。

もっと個人的なことになりますが、私はこの対談を終える頃からリアルな世界と更に向き合って、都市をあらためて論じ、さらにこれにたいするプロジェクトを組みはじめることになります。次に立ちむかう世界が、立ちあらわれただけでなく、私のなかまで侵入し、私も実務を介して巻きこまれていきます。別のいいかたをすればニュークリティシズムがやったように、他の文脈を排除してしまうトートロジーを信じて、建築の自律性にむかって自己言及的に立てこもることを私は反復強迫のなかでやっていた。そして産出できた作品が社会と軋轢を起こすことだけが政治的たりうると主張する、つまりラディカルが常に自滅にむかってだけ突きすすんでいたあのやりかたを反復していたのです。あげくに、こんな場所を少しだけ外部の他者に開こうとしはじめたのです。六〇年代までの仕事は他者を引き込むことを前提にしていました。それが七一年に挫折したあげく、この心的傷痕にしばられつづけたのだと思われます。多木浩二さんは私のこんな状態を理解してくれていました。そして、討議の場を私も興味をもっていた記号論的文化論へと設定してくれたのだと思えます。こんな事情が二〇年後にやっと理解できはじめた気がします。そのときに相手になってくれそうな多木浩二さんはもういない。後はまったく違う世代の読者がこのギャップを埋めてくれることを願うばかりです。

二〇一一年九月一日

磯崎　新

■岩波オンデマンドブックス■

世紀末の思想と建築

1991年1月18日　第1刷発行
2011年11月9日　人文書セレクション版発行
2015年10月9日　オンデマンド版発行

著　者　磯崎《いそざき》　新《あらた》　多木浩二《たきこうじ》

発行者　岡本　厚

発行所　株式会社　岩波書店
〒101-8002 東京都千代田区一ツ橋2-5-5
電話案内 03-5210-4000
http://www.iwanami.co.jp/

印刷／製本・法令印刷

ISBN 978-4-00-730303-6　　Printed in Japan